大國海圖
人物志

蓝色波涛里的

帝国梦寻

李鸿章与北洋水师

桂国强 主编 任丽青 策划
徐 畅 编撰

文匯出版社

序

桂国强

相当一段时间以来，关于中国“内陆国”或“海洋国”的属性，很多人在认识上一直存有误区。他们认为：从鸭绿江口延伸至北仑河口，自北而南，中国有着20 000多公里长的陆上国界线，分别与朝鲜、俄罗斯、蒙古……缅甸、老挝、越南等14个陆上国家比邻而居，并且，包括“丝绸之路”在内的经济、贸易等诸多重要活动，中国也都是在陆上进行和完成的——据此，中国理所当然应该属于内陆国。

事实上，中国除了拥有20 000多公里长的陆上国界线外，还有18 000多公里长的海岸线，与韩国、日本、菲律宾等6个海上邻国隔海相望；中国的对外贸易、国民的赴外旅游，许多也都是通过海上航线走向世界各地的……从这个意义上说，中国分明又是一个海洋国。如是，人们在“内陆国”还是“海洋国”属性上之所以存有误区，问题或许在于，中国虽然是一个海洋国家，但从历史层面来说始终不是一个海洋强国，以致中国人的“海洋意识”也一直相对淡漠。

正是基于这样的现实，作为一家负责任的出版单位，我们觉得，有必要让读者更加全面、更加深入地了解有关中国这样一个“海洋国家”的历史，以不断唤起并增强国民的“海洋意识”，积极争取本该属于我们的“海洋权益”，努力使我国成为一个名副其实的海洋强国，将习近平总书记描绘的“海洋丝绸之路”尽早成为现实……于是，我们便策划出版这套《大国海图·人物志》丛书。

纵观中国历史，自古至今，不少富有探险精神的有识之士，凭着自己的勇气和智慧，早就将眼光瞄准那宽广的海洋了。他们搏浪远航，力克艰险，或传法，或旅行；或从事贸易，或抗击外侮……为中国人的海洋实践活动留下了浓墨重彩的一笔——此刻，呈现在读者面前的这套《大国海图·人物志》，就是对这些先贤曾经的海上活动真实的历史记录。

为了使丛书更具可读性，作者在力求尊重历史的前提下，积极偿试以文学的笔法来描述，从而使这套丛书兼具“史料性”和“文学性”双重价值。作者的努力是否能得到读者的认可？我们将以忐忑的心情来等待读者朋友的评判。

是为序。

2014 年 12 月 8 日于海上。

（序作者为文汇出版社社长、总编辑、编审，本丛书主编）

目录

壹 海洋的力量

1. 英国火轮船里的淮军

暮色困顿，白日的喧嚣沉寂下来，静谧的江面上，浸淫着霜白的月亮，宛若斑驳的碎银在浪头翻滚。水浪默默奔走着，仿佛讲述着几千年冗长的心事。“咿呀”的“欸乃”声在夜色里渐行渐远，渔船停歇在港边，咸涩的鱼腥味从船舱里吹出来，是鲫鱼、是江水、是晚风的味道。南京城内灯火通明，城墙上放哨的太平军严阵以待，江面上波光的一丝颤抖都会引起极大的怀疑。

一阵轰隆的汽笛声从幽远的黑暗中传来，模糊的西边，七艘英国轮船列成一排行驶过来，深蓝色的船身在江面上劈开迎头的水浪，船上挂着“日不落”帝国的“米”字国旗。城墙上的太

平军骚动了，但是“天王”已经吩咐过，不能拦截英国过往的商船。守军们眼睁睁地看着船队理所当然地穿行在眼皮底下。但可怕的是，他们并不知道船队运载的是什么。船队驶进入海口的目的是什么。

此刻，英国船队闷热的船舱里，正蛰伏着上万名士兵，他们各个屏气凝神，面容峻肃，仿佛船队不是穿行在水面上，而是搁浅在数以万吨的黑火药里，导火索已经点燃，他们没有生还的余地。

一名士兵因闷热而昏死过去，空气中弥漫着恐惧和不安，将士们躁动起来，为以后的前程担忧，痛恨不应该离开老家安徽去上海。人群中间有一位中年人，身材伟岸，足有 1 米 83，他坐在藤椅上微闭着双眼，鼻息凝重，他就是李鸿章。他在思索着什么，一种陌生的力量正强有力地撼动着他，他是在陆地上出生长大的，既没有渔夫那样对江河湖泊的感情，也没有远洋人对大海的深情，但是在江上漂泊的这一夜彻底改变了他。他意识到水路也是作战的重要渠道，而且水路和陆路完全是不同的防御、攻守系统。充分利用水路要道，不仅有助于战略决策，更可以防守兼备。难怪《水浒传》里梁山好汉光靠环绕的水泊就能立于不败之地，宋江一伙把水泊当作重要的战场，不仅取得地理上的优势，更在战略上占有绝对的控制权。他们离开水泊梁山后打的几场仗当中，大多死伤惨重。看来，江河湖泊真的能给军事家带来不同的战术、不同的战略思想。广而言之，大海不就是更大的湖泊吗？整片海水环绕大清国大部分疆土，就像鸡蛋壳包裹着鸡蛋，如果壳不够坚硬，一碰就破，纵使里面的蛋白、蛋黄再坚硬，一口也就被吞下了。

再想想这艘大船吧，在江上就可以这么大了，要是大海上的大船得多么庞大？海上的舰船得装下多少士兵，不光是这些长矛大刀了，就算一排排大炮、洋枪也是可以装进去的。这样一想，那就不得了了，整个军队都可以一股脑儿地塞进大船里。这可就是在海上移动的军队了。想到这里，李鸿章为之一振，但是这也不过是一些意识流想法，实践起来难度就大了，虽然现在大清国也有海军，但是实力还没有提上来。在摇摇晃晃的船舱里，他陷入沉思。一幅壮丽、辽阔的蓝图在他心里慢慢铺展开。

为了方便立体地了解李鸿章，我们还是看看这位学习优等生在攻读学业期间的简历吧。

李鸿章身高 1 米 83，生于安徽合肥县名士家庭，排行老二。青年时代的李鸿章学习优异、人高马大、面容俊朗、文笔了得，再加上父亲已中进士入刑部主事，此时的李鸿章是地地道道、名副其实的“高富帅”。

学业畅通的李鸿章并没有摆脱同父亲一样“复读”的命运，恩科会试中，他没有通过，而本科会试同考官正是曾国藩。历史巧合的地方总会让人咂舌，李鸿章虽没有考中，但是诗文却得到曾国藩的大大赏识，再依靠父亲与曾国藩会试同年的关系，顺利拜在曾国藩门下。此时曾国藩已在翰林院上班，职位是侍讲学士。曾国藩对李鸿章颇为赏识，称他“其才可大用”，还把李鸿章与郭嵩焘、陈鼐、帅远铎并称为“丁未四君子”。丁未四君子虽不如江南四大才子风流潇洒，但日后都成为大富大贵之人。郭嵩焘成为清朝政府派驻国外的第一公使，陈鼐成为李鸿章重要幕僚，只有帅远铎作为湘军将领，为太平军所杀。

“复读”两年后，李鸿章终于如愿以偿地高中第二甲第十三名进士，殿试成绩：三十六名，进翰林院当了庶吉士。庶吉士是翰林院内短期的职位。上任者先在翰林院内学习，之后再授各种官职，基本上是翰林院的见习生。三年后庶吉士毕业通过甄别考试，授为翰林院编修，相当于现在中国博士后的学历。

李鸿章研读诗书、苦研八股，终于通过重重考试，成为科举制度下的幸运儿。从秀才到翰林院编修，在当时许多读书人要走半辈子的路，李鸿章只用了十年就走完了。但李鸿章绝不是一个文弱书生，更不是老学究，那一套当敲门砖使唤的“八股”学问还能在他日后的仕途上起多大作用？要是他一味地撰写文章、编著大厚本子，那么日后我们也只能在历史书某页小小罅隙里读到李鸿章的名字。

他的过人之处、处事之道就在于此，在通过各种考试，进入大清朝的“文学院”之后，他频繁与老师曾国藩交往、与会试主考业师潘世恩、副考杜受田、朱凤标、福济等诸人联络，打开了关系网络，巩固了自己的人脉。李鸿章很早就认识到，在中国这样一个人情社会里，人际关系在某种程度上决定了一个人的成败。这个时候的李鸿章，也抛开了“八股”学问，更多接触政治、刑名、理财、治水等方面的知识。

1851 年末，金田起义爆发，太平天国运动正式登上历史舞台，太平军势如破竹，攻陷了武昌、九江、金陵，短短几年工夫占领了半个中国。李鸿章上奏朝廷回安徽办军务。李鸿章做出这样的选择，一是他年轻气盛，受够了翰林院枯燥的读书生活，想在战场上和刀枪血肉中玩爽一把，二也是他对时局的分析。在这一乱世里，带兵打仗做威震四方的统帅，要比在翰林院里把冷板凳坐穿的学究们有前途得多，也更务实得多。这一务实的观念贯穿了李鸿章的一生，使他成了彻头彻尾的实用主义者。当别人在高谈阔论相互争辩的时候，他就会低调地把事情办起来，等你们吵完了，我也把事情干得像模像样了。李鸿章这样踏实肯干完全是出于对自己仕途的考虑，学而优则仕、入仕求官达的思想早已灌注到他的骨髓里。

回到安徽以后，李鸿章才失望地发现，安徽是个烂摊子。与太平军正面对抗时，李鸿章屡战屡败，太平军已经向李鸿章的老家庐州杀来。李鸿章早已上了太平军的黑名单，他只好孤身逃命，祖宅被太平军焚烧殆尽。

落荒而逃的李鸿章在安徽再也找不到安生落脚的地方，正在惆怅、徘徊之际，他这才想到了自己的老师曾国藩。

躲在火轮船底船舱里的李鸿章，此时已经 39 岁了，人已中年，但是一事无成，虽然拿到了翰林院编修，相当于中国博士后的学历，但是为官、功名方面还毫无建树，只在曾国藩的帐下当幕僚长，做一些策划、起草奏折的工作。现在李鸿章带着自己的一万淮军奔赴上海想要解开“上海之围”。这狂风骤雨般的转变还得追溯到 1861 年一个冬天的早晨。

一夜新雪后的清晨，冷峻肃杀，天空高远而混沌，李鸿章仰天吸一阵沁凉的空气，精神为之一振。他抖抖身上的御寒大衣，带着满身寒气快步走进曾国藩的大帐。将士们吃完了早饭，曾国藩端坐在大帐中央，将领们没有一个人敢说话。看来早餐会早已开始了。李鸿章向老师曾国藩鞠了躬，坐在靠近帐门的椅子上。

“看来，上海已成孤岛之势了，没有人肯去上海一趟吗？钱鼎铭可是冒着生死跑来搬救兵的，上海出事，我曾某怎能坐视不管？”曾国藩声音洪亮，将士们有的点头、有的摇头，但没有敢应答的。

“我也明白大伙的心思，太平军现在不过在苟延残喘，破南京指日可待，我完全能理解，谁都想第一个打开南京的大门，抢头功。但是上海之围不能不解！若是我曾某人帐下无人，倒不如我亲自挂帅。”底下纷纷劝说起来，但是依然无人愿意应下此事。

正在此时，营帐内昏暗了些许，有将士瞅瞅烧红的火炭，火势依然旺盛，但光线怎么暗淡了呢？将士们转头望向帐外，原来有人正躬身站起来，挡住了外面的光亮，等众人安静下来，李鸿章挪开椅子，淡淡地说了一句：

“像我这样的行不行？”

这商量式的语气里分明透露着李鸿章的镇定与决心。

李鸿章说这样的话当然是有心理准备的。就在前一天夜里，前来搬救兵的钱鼎铭找到“世兄”李鸿章（李鸿章的父亲李文安与钱鼎铭的父亲是同年进士），极力劝说他前往上海，李鸿章对

他所描绘的财富如山、华洋混杂的上海兴趣盎然。但是最重要的是，这也许是他真正能独当一面、摆脱寄人篱下境遇的最好机会，况且，他要是留在曾国藩处，纵使打破天京，立下首功，李鸿章自己又能分得几片肥肉呢？而上海正好是自己施展才华、建立功名的地方。看来，他出人头地大展宏图的机会来了。

“好，鸿章可以担当此重任。”曾国藩欣喜地拍手道，“我帐下果然不乏奇人。众将士有人反对吗？”

底下一片摇头，“鸿章去，自然极好了。”李鸿章的死对头彭玉麟说。

李鸿章告别恩师返回故乡，招募士兵，与上次回安徽不同，这次李鸿章已经在故乡建立了一定的威望，人际网络也四通八达，他很快便招募了近万人，分为 13 个营。这就是后来名震四海的淮军。

领导有了，军队有了，是不是就可以披甲冲去上海打仗了呢？要有那么容易，钱鼎铭也不用冒死越过太平军的重重封锁来搬救兵了。上海东边临海，周围有太平军重重布防。怎样才能将淮军运送到上海呢？走四百公里的陆路显然不切实际，水路也存在危险。南京是太平天国的天京，这里防守严备，长江流域是咽喉要道，更是死守堵截的所在。要把淮军从江上运过去，除非有

“明修栈道、暗度陈仓”的妙计。

紧要关头，上海的官绅们想出了办法，他们筹集18万两白银，雇佣了7艘英国火轮船，去接李鸿章的淮军。李鸿章以巡抚的身份，带兵潜入上海。

李鸿章生平第一次感受到西方物质文明的强大力量。就这样，他带着一万淮军经过布兵重重的天京（今南京）进入了上海。

2. 参观洋人舰队

来到上海，李鸿章成天蜗居在城隍庙附近的安徽会馆，一日，他心血来潮地去参观上海码头。时至晌午，太阳明晃晃地照着海面，海浪拍打着，反射回来的光亮，像点起的无数星火。等待起航的渔船排列整齐、在水中轻轻摇摆，凝固的盐碱在他们棕黑皮肤上沉积出厚厚的老茧。好奇的孩子们一头扎进水里，抠下附着在船底的海星。巴掌大小的海星在岸边可换到两枚铜钱。不远处四艘风帆军舰靠岸停泊，午休时分，上千名码头的工人蹲坐在军舰的阴影下就着咸菜啃馒头。李鸿章从未见过这般庞然大物，军舰上各自配备着十二门火炮，全都对准了大陆，船头英国、法国的旗帜高傲地飘扬着。

“这个哪家的舰船？”李鸿章问身边上海道台吴煦和杨坊。

“巡抚大人，您还不知道吗？条约都签了。”吴煦唯唯诺诺地说。李鸿章当然知道，条约指的是大清国的钦差大臣奕䜣与英法联军签订的《北京条约》。但是他怎么也想不到35年之后，他会亲自前往日本，签下败坏一生名誉的《马关条约》。

“看来英法的洋玩意儿果真有一套。改天，我要登上舰船观摩。”

“巡抚大人，只怕……”杨坊抢先说。

“有什么话直说，何必吞吐。”李鸿章道。

“卑职们只是考虑到您的安危，怕暴露了您的身份。”杨坊说。

“不怕，不怕，我自有办法。”李鸿章拂袖而去。

回到会馆，他叫来身边的随从，指着随从全身上下的行头。

“给我取来一件，要一模一样的。”李鸿章说。随从纳闷老爷怎么稀罕起他们的破汗衫了，但又不敢吱声，只好取来一件最大号的呈给李鸿章，李鸿章脱下官府、官帽，换上随从的衣服神气地前后走动了几步。他走到随从面前，拔出他的官刀系在腰间，比画半晌才安下心来。

翌日，道台吴煦、杨坊早已来到安徽会馆等候李鸿章，李鸿章穿着随从的衣服出门来见。吴煦、杨坊见一随从往跟前大步走来，以为他是过来带话的，两人纷纷投去不耐烦的眼光。等来人离近了，方才看清是李大人，连忙作揖赔礼。李鸿章摆摆手说，“看来，把二位也给蒙骗了。”

“李大人，您这是？”吴煦问道。李鸿章爽朗地笑笑，只说：“今天，我陪二位到洋人的军舰上走一遭。”杨坊一拍手，“大人果真有妙计啊，这样一来，洋人肯定认不出您。真有您的。”

“哪里算得上妙计，不过学学曹操入匈奴的典故而已。走，看那帮洋人能不能把我认出来。”

出了大门，李鸿章阔步走在前面，吴煦、杨坊二人紧随其后。吴煦低头跟杨坊耳语着什么，忽觉光线暗淡，抬头望去，原来是李大人停下了脚步。李鸿章转身说：“不对、不对，我是随从，你们二位大人走在我前面，我跟着你们。”

“哪敢让大人跟在我们后面？”吴煦忙说。

“我现在是随从，就应当跟在后面，大步走在前面岂不露馅了？”李鸿章道。

“大人所言极是，只是卑职……”杨坊说。

“你们在前面走便是，要是真能观摩洋人的军舰，那算是你们立功了。”李鸿章说。二人这才放心，胆怯地走在前面，路上也没有敢言语半句。

码头已经不远，那几座庞然大物依然停歇在海岸边上，窥视着岸上发生的任何一件小事。船头不时有洋人举着单孔望远镜巡视着，风帆满满地鼓胀着。一些时日之后，他们将旁若无人地接走侵入北京、火烧圆明园的英法联军。

两位道台登上军舰，与司令赫伯做了简单的交涉，便上船参观。穿着随从衣装的李鸿章当真引人注目，因为上海的两位道台，个头矮小，见到洋人又唯唯诺诺，而李鸿章 1.8 米的个头，又瘦又高，仿佛两个西红柿后面插上一根高耸的洋葱。英国司令赫伯见这位随从目光如炬，看来不是一般的角色，但是又不好当面指出，只是跟在后面暗地观察。上了甲板之后，海水在脚下肆意游走，似乎不怀好意地要恫吓初到海上的人。李鸿章心潮澎湃，就是眼前这一艘艘风帆舰船震慑了国人，让朝廷割地、赔款都是靠这些家伙。这些怪物会是个什么模样呢？到底是什么力量能发出那样的威力？里面会不会是些竟糊弄人的假把式？

李鸿章登上军舰，心里不觉一沉，他怎么也没想到笨拙的大船上卫生如此整洁，完全不像中国渔船或者火轮船那样凌乱、肮脏，还有一股浓烈的鱼腥味。战舰上一尘不染，挂风帆的桅杆也用铁片包裹着，阳光照在上面很晃眼。风帆也是上好的布料，连一个烟杆大小的洞眼也很难发现。两边船舷上高昂挺立着火炮，炮弹堆放在不到两步远的铁筐里，随时都可以填装炮弹、点起火，发动战争。

他站在船舷上望着海面，海风鼓起几分劲力，漫无边际的海面，浪花汹涌。远处，千万兵甲铁骑砍杀疾走，血溅马嘶，断尸遍野，嚎声震天；待赶赴到军舰边缘，却消减了锐气，金戈铁马化作数绢白绫，轻柔荡漾、委婉曲折，完全成了恋人被窝里羞人脸红的情语。那无尽的海洋深处，似乎有无穷的力量等待着人类去挖掘、去探索。

军舰上的海军军容整洁，正迈出阔步练操。英国海军们并没有受到影响，没有人走神依旧观察上军舰的奇怪三人组。洋枪也一律斜靠在船舷上，方便随手取用。水手们正忙活着往船舱里搬运各种蔬菜、水果。这些食材都是清晨下船到陆地上采购回来的。李鸿章甚至闻到了一股饭香味。整个军舰就好比一个小世界，有专人买菜、有专人做饭、有专人打扫卫生、有专人扬帆、导航，剩下的将士与炮手们就专心训练、打仗。

两位道台低三下四地与洋人司令攀谈着，李鸿章弯腰走到他们身边，作揖说道："二位大人，中午有要人相见，可不能耽搁了。望二位大人尽早回府。"杨坊看出李鸿章的意思，准备告别洋人司令。

“有贵客要见，今天参观到此，下回有时间再来打扰。”杨坊对司令赫伯说。不料，赫伯却追问，“是哪位客人？竟这么急着回去。”他的随口一问，反倒难住了杨坊，杨坊愣住了，不知如何回答。吴煦抵抵杨坊的胳膊，“你怎么忘了，是巡抚大人。”吴煦看似打了圆场，但是这反倒勾起了赫伯的好奇心，好端端的为什么上海会来一个巡抚？

“是哪位巡抚？”赫伯问。这一问，又把吴煦推向两难的境地，本来他脑子里第一个想到李鸿章，以为支支吾吾地说个巡抚就能了事，这洋人还真是要打破砂锅问到底，但是砂锅已经翻得底朝天，再说必得露馅。

“巡抚，自然是江苏巡抚，李大人了。”杨坊忙接下来。两位在官场上混了多年，转脑子、耍嘴皮的工夫还是有一手的。

“李大人，就是那个李鸿章吗？”洋人赫伯捋着大胡子仰天大笑起来。李鸿章心里一沉，“就是那个带着叫花子军的李鸿章啊？”

赫伯讥笑淮军是叫花子军是有理有据的，当日，李鸿章率领着一万淮军，土头土脑地赶赴上海时，上海官绅们如久旱甘雨，纷纷跑到码头迎接，他们接到的“救世主”与想象中实在是天壤之别。这就好比，你准备娶某大明星回家当媳妇，洞房花烛之夜，你揭开红头巾，当场晕过去，原来是个丑八怪。官绅们花了大把的银票，就换来了这样的货色。

淮军们头上缠着布帕，大褂子上前面赫然写着一个"淮"字，后背上也赫然一个"勇"字，两个赫然，足以让人觉得这一批灰头土脸、邋里邋遢的叫花子不是来打仗，而是完全给人当活靶子的。胸口"勇"字外圈的大圆，总是让那些洋枪手们按捺不住瞄准的冲动。洋人的军官们看到了都纷纷窃笑。

李鸿章对赫伯的话倒不以为然，但是在两位下属面前讥讽他，多少有点下不来台，可作为随从，又不能面有怒色。正当二位道台面面相觑之时，李鸿章斗胆说了一句："军队最重要的是战斗，不能战斗，光有一身好看的皮囊顶什么用。"二位道台都没有想到李鸿章竟敢当面指责赫伯，说一身好看的皮囊明明是指军舰上排列整齐、穿戴正式的英国海军。李鸿章当然知道自己初建的淮军军纪散漫、着装跟英国人相比完全像是要饭的，但是为了不让自己在下属面前丢脸，还是说出了这样危险的话。

赫伯轻蔑地望了一眼说话的随从，刚要发作，吴煦忙作揖赔礼道歉。

"随从平日管教散漫，不知死活顶撞了司令，望司令海涵，不跟这小人一般计较。"吴煦瞄了一眼李鸿章已往甲板走去。赫伯没再追问，也示意站在船舷的士兵，架起甲板，放行。

参观完军舰、告别二位道台，回到安徽会馆之后，李鸿章还没来得及洗漱休息，便命令仆人准备好笔墨纸砚，心潮澎湃地提起毛笔，在宣纸上用整齐的蝇头小楷写起书信，这些书信都是写给远在安徽的曾国藩的。

信的大意是说：弟子我今天化妆参观了英国海军提督的大船，这些大船上配备着精良的武器，他们的枪炮威严、纪律严明、队伍雄整、分工明确，绝非我们大清国天朝的军队能够做到，中华自古以来都是以打陆地战为主，海军的发展始终停滞不前，我下决心要向他们学习，学习他们的先进技术。

海面上震慑人心的军舰、火炮促使李鸿章的意识发生转变，他慢慢发觉要挡住外国的入侵，提高大清朝的军事实力，光靠旧式的陆地战争是完全不够的，光靠拳脚、长矛和土炮也是不够的。

3. 在大上海立威

1859 年，一位美国浪人流浪到上海，他因为在美国犯下滔天大罪而亡命天涯，逃到中国。在异国他乡，他仓皇失措，时刻处在迷茫、无奈之中。幸运之神似乎眷恋着这位他乡异客。当时，太平军刚刚攻克了苏州，在苏州一役中大获全胜。美国、英国为了阻止太平军继续蚕食上海，他们暗箱操作指使上海道台吴煦出面，急需委派一位住在上海的美国人招募英、美、法等国籍的士兵组成“洋枪队”。吴煦找到这位美国浪人，让他当领队。这位美国浪人就是在日后屡败太平军的洋枪队首领华尔。

上任后的华尔，一面组建“洋枪队”，一面暗中采购枪支，他从上海的英租界走私了大量的枪炮。他有这样的胆量铤而走险，当然不仅仅是想从中捞得大笔油水。因为幕后真正的黑手不是别人，正是李鸿章。

李鸿章早已耳闻英美洋枪队的威力，他登上英国的军舰之后，又耐不住好奇，认真参观了上海的洋枪队，他们的枪支、弹药让他倍感新奇，特别是那几颗落地开花的大炮，所掷之处，地动山摇，大有摧枯拉朽之势。再强的铁拳硬脚、再扎实的铁布衫，全都血肉横飞、魂飞魄散。这一神技，威力惊人。

李鸿章拉拢华尔之前，自己也算了一笔清醒的账目：洋枪队之所以厉害，一是因为有洋枪洋炮，但是更为关键的是洋人军队的编制、制度、训练方法，还有作战的战术。洋人有自己的一套玩意儿，这是中国人很难学到的，如若用洋人的那一套作战，肯定大有成效，成绩斐然。太平军就输在了洋人的“那一套”上面。当时太平军也是有洋枪队的，枪炮之多、人数之广，不在华尔的洋枪队之下。但是太平军依然沿用了中国古代西周的兵制，五五进的兵制作战，训练的方式也过于传统、保守。自然无法发挥出洋枪洋炮的真实威力。李鸿章算完这笔账，心里就彻底明白要壮大自己的淮军，提高自己的地位、权势，必定要把洋枪队拉拢过来，而且要学习洋人的“那一套”方法，但是他绝不会把洋枪队作为自己的主力，因为洋枪队背后的势力实质上还是那帮洋人。

华尔走私军火并没有那么顺利，英国人不久便嗅到了异味，把华尔送上治外法庭。李鸿章还是留了一手，在审判开始时，华尔出乎意料地掏出一张纸，这一张纸就如一道赦免令一样，使他从审判的泥沼中脱身而出，洋人也拿他没有办法。

这张纸就是李鸿章暗中为他补办的一份加入中国国籍的书面证明。洋人界一片哗然，拉拢工作卓有成效，华尔的洋枪队正式加盟李鸿章“破破烂烂”的淮军。

淮军来到上海已有半月光景，他们焦虑地等待着战争的到来，但是战争到来之前，一场恶劣的瘟疫散布开来。医馆里到处都是等待救治的病人，一时间，人心惶惶，没有人敢上街头抛头露面。瘟疫很快传染到太平军身上，长久围城的太平军得不到充足的医药，多半士兵感染严重。“忠王”李秀成从全盘考虑临时决定以进为退，表面上故意做出进攻的姿态，实际上紧锣密鼓地准备着后退的事宜。但是在军队撤退之前，要先攻占下虹桥，作为据点。

李鸿章闻讯，率淮军奔赴战场。这一战对李鸿章而言，是要在上海扬名立万的战役。

夜幕刚舒展开，淮军各部借着月色，悄悄摸向虹桥，破晓时分，部队行进了25里。雾气浓得化不开，四下寂静无人，路边杂草扇打士兵的脚踝，脚踝处的裤角完全湿透，能拧出半桶水来。雾水越聚越浓，根本无法分辨自己所处的位置。又行了一阵，雾色中传来急促的脚步声，车链碾压地面的声响也清晰可闻，“开”字营的统帅程学启，挥手命令部队停下。将士们屏住呼吸，侧耳细听，对面的人声也停了，来人到底是谁？是普通老百姓，还是太平军呢？荒地上气氛紧张，仿佛一张蝉翼般的薄纸，一触即破。良久，没有人影从浓雾中显现出来，隐约能听到低语声，却怎么也听不真切。这种情况再也不能持续下去，程雪启用手势吩咐洋枪队迅速抢上，排成三排，对着沉重的雾气举起黑洞洞的枪口。他一挥手，几十杆洋枪一齐开火，浓雾中，一阵阵惨叫传来。但顷刻再次安静下来。难道打死的是几名老百姓？刚这么一想，迎头飞来无数的弹药，当先的士兵当场撂倒七八个。看来真是碰上太平军了。程学启当即挥出腰际的大刀，大喊："不要停，给我打，把长毛的火力压下去。把炮队推上来。"淮军装备不久的新式十二磅火炮缓缓推出来，四门大炮一同点响。

雾霭中，根本无法看清对方，胡乱炮轰、枪扫一阵，天色苏醒，雾气也四面躲藏消散，炮轰声中，勉强看清数百步外聚集着上千人的太平军队。幸好，淮军其他几支部队也开到。太平军火力不足，人数也不广，雾色一散，他们看到对面的士兵成排成堆，沟渠里、山冈后面、树林深处到处都是。只有一千来号人的太平军顿时溃散而去，像浇上热水的蚂蚁群。淮军几个营水漫金山一般汹涌追击，跑出四五里后，才赶紧扎营整顿休息。

上午，李鸿章就收到捷报。当晚，他奔赴虹桥，跟众将士商量对策。此时，前线传来前锋各个营被围堵的消息，程学启的"开"字营、滕嗣武"林"字营遭到突袭。程学启正深陷战火之中，李鸿章亲率张遇春的"春"字营、张树声的"树"字营、吴长庆的"庆"字营等赶去迎敌。战场上太平军人山人海，像海浪一样起伏翻滚、来回盘卷，几乎已经看不到淮军众将士。枪炮轰隆隆、喊杀之声响彻荒野，凄惨、哀婉。

李鸿章命“春”字营作为先锋，上前支援，“垣”字营殿后。他自己命令随从搬来一把胡床，胡床不是床，而是一把可以折叠的座椅，总不能躺在床上看人家打仗吧，这种胡床差不多就是现在马扎的大号样式。李鸿章端坐在胡床上可不是为了休息，而是在督战。如果这场仗失败了，洋人们、大清朝官员们会怎么笑话他？原来叫花子军配上洋枪队，这样不伦不类的组合，不过是耍耍花样、翻个筋斗就叫人一巴掌拍死的次要角色。

两方炮火更加嘈杂，噼里啪啦，远天映衬着橙黄的火光，厮杀声此起彼伏。上海的太平军正是得胜之军，炮火猛烈，李鸿章屁股下的胡床都在颤抖。他眼看着自己的淮军将士倒在太平军的枪炮、大刀底下。更让他失望的是，淮军将领张遇春带领着“春”字营冲上前线，阵亡过半，全营溃败、节节败退。战场上死伤无数，哀鸿遍野，淮军鼓足的士气像一栋偷工减料的摩天大楼一样，轰然倒塌。这场要在上海立威信的战斗看来要化为乌有了。将领张遇春见到军心涣散，而且太平军的火力着实惊人，他滚爬着往回撤退。待他跑到虹桥桥边，一头撞见了坐在桥头上的李鸿章，李鸿章看都不惜得看他，眼睛注视着战场，漠然地对随从说：“来人呐，取一把大刀来，把这个逃兵的头给我剁下来。”

张遇春率领的“春”字营是淮军中的老字号，资历老、牌子也响。他本人也是李鸿章的亲信，更是得力帮手。李鸿章要砍下自己亲信的头，就是要让全军都知道，这场仗就算拼到只剩下一个人、只剩下一杆枪，也要打赢太平军。

张遇春察觉情势不对，随从当真从腰际拔出一米长的大刀，李鸿章顺势接过大刀踱下胡床、砍向张遇春，张遇春吓得屁滚尿流，转身投入战斗。仓皇之际，他踩在半死的士兵胳膊上，绊倒在地，他爬起来，扛起受伤的士兵，一瘸一拐地往火线上冲。其他营的将领们见张遇春如此拼命，看来是没有半米退路，只能一腔热血洒遍战场了。将领们拼老命血洗沙场，一时间军心大振，再加上洋枪队的武装，太平军的锐气消磨了，淮军一鼓作气，把战火烧到了太平军的阵地。

见如此情景，李鸿章收回大刀，交到随从手中。他坐在胡床上算是松了一口气，这口气从他离开曾国藩的大帐已经足足憋了半年时间。

初战大捷，这一战可谓打得艰难，但是李鸿章在上海站稳了脚跟。就连他的老师曾国藩也对他刮目相看。淮军的人数也从当初的 13 个营扩充到 30 多个，无论在数量还是在实力上面，都有了长足的进步。得势后的李鸿章没有停住脚步，他的铁骑将趁着破竹之势，围攻李秀成的苏州大营，终极目标是要踏平太平军的“天京”大本营。但是就当他踌躇满志、自鸣得意甚至有些沾沾自喜之时，一位年轻的受过高等教育的英国军人，将要举起左轮手枪对准李鸿章的后脑勺。

4. 戈登的预言

这次得胜，洋枪队起到了至关重要的作用，在淮军中的威望也树立起来，但是李鸿章愈发担心，因为大清国表面上取得常胜军一半的指挥权，但是实际上，这支队伍还是由英国人操控，而这些英国人在中国的每一步行动都是有预谋的，李鸿章表面上亲近洋枪队，但是心理却有自己的防线。这支由洋人装备、训练、指挥战斗的军队不时挑起他焦虑的神经。

洋枪队（后来的常胜军）队长华尔在进攻慈溪时阵亡，英国政府找来一位英国年轻的少校来接管常胜军的指挥权，这位年轻人就是戈登。十九世纪中叶的太平天国运动，不但造就了曾国藩、左宗棠、李鸿章等晚清“中兴名臣”，还造就了几位来自西洋的名人，戈登就是其中的一个。

戈登不同于华尔那样的美国浪人，他出生于英国皇家炮兵将领的家庭，接受过良好的教育，训练士兵注重战术。1852 年戈登军校毕业，进入皇家工兵部队，军衔少尉，派到威尔士潘布卢克修建海港设施。20 岁的戈登正处于建立人生观的阶段，在一个名叫德鲁的好友影响下，戈登成为一个非常虔诚的基督教徒。他如饥似渴地阅读神学著作，在和他姐姐的通信里表现出强烈的宿命论观点："上帝掌握世事发展的方向，并不以人的意志为转移，就好像马背上的骑士决定马的前进方向，无论马乐意还是不乐意。一个人想要快乐，就得像一匹俯首帖耳的马一样，对任何事情都要做好准备。一切事情的结果都由上帝安排。"

接手洋枪队之前，戈登本身就是在职军官，有很强烈的职业操守，为人严谨，在战场上，他甚至不带一枪、一刀，而是惦着一根文明棍，像乐队的总指挥一样从容镇定地指挥着战斗。他训练、指挥的洋枪队不仅能用炮，而且还会测量、会间接射击。这一点，在当时的中国几乎没有军队能做到。洋枪队进行训练时，一律用英语，就连淮军著名将领刘铭传的军队都是按照洋枪队的训练方法进行的。

1863 年春，李鸿章率淮军在英国人戈登领导的洋枪队的配合下，连续攻下了常熟、太仓、吴江、江阴等地，于 11 月中旬兵临苏州城下，开始进攻苏州。

苏州城高墙厚，再这么打下去，代价太大，淮军承受不起，钱不够、时间也不允许。于是他决定放弃强攻，采用了“剿抚并用”的策略，苏南太平军将领中有不少是安徽人，诱降起来相对容易，而且太平军内部并非一块厚铁板，还有几丝缝隙可以撬动。守城的太平军将领有五王、四大王将：张大洲、汪花班、汪有为、范起发。

李鸿章派出线人了解到，其中四个人与主帅谭绍光不和，尤其是纳王郜永宽，多次与谭绍光发生激烈冲突。这就为诱降找到了不可或缺的豁口，豁口凿开了，洪水决堤之强势形成是早晚的事情。

李鸿章派出帐下大将程学启进去诱降，程学启投靠大清之前，是太平军的降将，派他去当然是最合适的。程学启密会太平军纳王郜永宽等人，以二品武官作为诱饵，要钓他们上岸，献出城池。和历史上所有叛徒一样，郜永宽等人不是用两根“棒棒糖”就能骗到的小孩，他们对程学启的话将信将疑，并且提出要求让较有信誉的英国人出来担保。

翌日，夜越陷越深，苏州城北的阳澄湖平静暗绿如琉璃，月光滑嫩地涂抹在湖面上，大闸蟹蛰居在漆黑的洞穴中，聆听着月光摩挲水面的私语。一艘小船突兀地驶进这泼墨般的冷夜里，船上坐着脱去官服、一身便服的程学启和戈登。河的另一边，同样一艘小船急急而来，船身后面拉长一条冗长的水波。两船靠近，二人跨过船头，俯身探进船舱，里面正坐着焦急不安的郜永宽。这无声、幽美的夜景并没有抚平这位降将忐忑不安的内心。三人坐定，郜永宽提出要求，淮军破城之后务必保证降兵降将的生命财产安全，双方让英国人戈登作证，并折箭为盟。

12 月 4 日，苏州城内上演了一场太平军自相残杀的惨剧。第二天，郜永宽打开城门，迎接清军入城。

程学启当晚面见李鸿章，提议诛灭八名降将以除后患。李鸿章背后来回踱步、犹豫不决。

“从古至今，杀降都是一件不吉利的事情，今天我们在苏州杀了投降的将士，等到了常州、嘉兴，太平军肯定会死守不降，这样下去，继续攻打怕是困难许多。”李鸿章说。

“大人必须这么干啊，错过了今天，待到明日，万事有变，脑袋保不齐也一并丢了，那十万太平军可是虎狼之师，而且我们已经送到他们嘴边了，万万不能掉以轻心啊。郜永宽只让出一半，自己占着另一半，还提出他所属的部队不能拆开，要整编进淮军。这就好比妓女脱了衣服又让加钱一样。”

“要是杀降的事情传出去，世人该怎么看待我？”李鸿章喃喃道。

“顾不了那么多了，这帮长毛子不剃发，不解散部队，他们的用心还不够明显吗？请大人速下决定。”程学启再三劝阻。李鸿章迟迟拿不定主意，程学启气得直跺脚，“要是大人低估这帮长毛，到时候，咱们的脑袋全让人给剁下来献给洪秀全，我们还不知道怎么回事呢。”说罢，狠狠挥了挥官服长袖，踏门而出，李鸿章急忙追上去，握住他的手说：“老弟，千万不要生气，容我斟酌斟酌。”

当晚，李鸿章布置淮军在四门外设下埋伏，让全国哗然一片的“苏州杀降”事件即将东窗事发。前几年，陈可辛导演的电影《投名状》对这一幕做了艺术化的诠释和夸张的表现。但电影总归电影，故事总归故事，李鸿章借赏赐降将的机会，命八名武士假扮侍从，手起刀落杀死他们。八颗喜笑颜开的人头纷纷落地，滚出五尺远。几颗人头刚刚落下，屠杀已经正式开始。城内数万太平军在毫无戒备的情况下，全部被杀光。

戈登得到李鸿章杀降的消息后，勃然大怒。他认为这是最无耻的背信弃义之事，况且自己还曾信誓旦旦地为降将作保。降将被杀，他有着不可推脱的责任。

他气势汹汹得拿着手枪要找程学启、找李鸿章。李鸿章听说戈登要杀过来了，不得已只好躲到苏州城外的一只小汽船上处理公务了。以后的几天里，戈登提着手枪一直寻找李鸿章，询问李鸿章的部下，部下百般推脱，哪里敢透露半点风声。戈登找不到李鸿章，愤然留下最后通牒，率领洋枪队返回昆山。

戈登之所以坚决反对杀降，实际上表明了对待战争的观念不同。戈登有着强烈的“契约精神”，签了合同，合同就要生效，而中国人只认对自己有利的那几条，其他的全都撕毁、概不承认，这实际上是西方的战争观与中国的战争观之间的激烈冲突，这不是个人脾性的差别，而是文化的差别、时代的差别。

其实，中国历史上杀降事件不在少数，如春秋战国时期的长平之战，赵军战败投降，秦将白起坑杀赵国降兵降将近 40 万人；楚汉相争，项羽入咸阳前，秦将章邯率 20 万秦兵投降，而项羽则将章邯部下 20 万人全部活埋；宋代辛弃疾虽是大词人、大文学家，但杀起人来也是心狠手辣，他诱降了泽文叛军后，毫不留情地将其全部杀掉等。

杀降和不杀降没有说哪个一定对、哪个一定错，两者都有中国传统文化和道义的支持。拿苏州杀降事件来说，戈登主张不杀降，是讲信誉、遵守规定；李鸿章主张杀降，一是怕威胁到自己的军队，而且被杀的人背叛了原来的上司，他们本来就是不仁不义、不忠不孝，这些人该杀。中国的一些道义和道德就是这样，正着说是对的，反着说也能说通。中国古话说：兔子不吃窝边草；古话还说：近水楼台先得月。到最后也无法做出一个公正合理的判断，好事、坏事都能讲通。

李鸿章深知这回是捅了大马蜂窝了，洋人、清廷的大小官员都跟发怒的工蜂一样，团团围攻他，向他吐口水、蜇毒刺。舆论的力量就是如此强大，它可以一夜之间捧红一个人，也可以立马毁掉一个人，李鸿章为了挽回舆论，绞尽脑汁。他分几步来解决这件棘手的事情：首先，他重赏常胜军白银7万两，另外拿出1万两奖给戈登本人。又向上海的美、英、法等国使团去函，澄清杀降事件跟戈登无关，完全是中方行为，并在报纸上公开发表此声明。接着，厚葬了被杀的太平军将领。最后，李鸿章向清政府详细上奏了杀降始末，并恳切指出杀降是无奈之举。

不久，舆论平息了，这条新闻很快遭人遗忘，变成烂尾新闻。洋人不嚷嚷了，清政府也不嚷嚷了，大伙老百姓也就不凑这个热闹了。凑也没有用，没有电话、没有微博，就是简单地写份状纸，还要让那帮酸秀才捞走几十文代笔费。那个时代代笔倒成了光荣的职业了。

不久，戈登宣布辞职，常胜军正式解散了。从这一刻开始，李鸿章基本形成了对洋人的态度，这一态度一贯保持着，那就是对洋人既利用又防范。

戈登回到英国前，给李鸿章赠言 20 条。就像《爱丽丝梦游仙境》中兔子手里那卷预言一样，这份赠言缓缓展开：

中国与外国谈合约时，需要在中国商议。因为如果中国官员去外国，容易受骗；

中国与外国商议条约时，要多用文字，少用语言，文书要简洁明了，把各个条款详细写清楚，告诉各国。如果某个国家的某项条款内有让中国吃亏的地方，其他国家会提出来；

中国现有深通外国语言文字的人，但中国大员没有重用，所用者多非通材。要知道通晓外国语言文字之人，肯定能替中国办事，比起用精通汉语的洋人受益更多；

中国聘请洋人教导各事，但此等洋人到华往往使其有为难之处，既然中国人请洋人教导华人，就应该接受教导。如果华人不愿受教不如不请洋人；

中国需要有自强的计划，不能光靠洋人整顿一切。此条必须切记；

中国一日以北京为建都之地，那么一日不可与外国开战。因为都城距海边太近，洋兵易长驱直入，无能阻挡。此为孤注险着；

现在中国陆军劲旅不多，水师也没有太大作用。中国应该先整顿陆军然后再议水师；

中国需要设立电报，并且修理运河。这两件事较整顿水师更为重要。中国有不能战而好为主战之议者，皆当斩首；

中国应该设立电报学堂，培养学生；

总税务司应该驻扎在上海，除管理关税外，不应掺和他事；

中国应设立专管陆军大臣一员、专管水师大臣一员。该二员须经常往来，巡视一切等。

戈登的赠言没有一点空谈的成分，可以说是立足大清国的实际，句句忠言都切实可行，而且迫在眉睫需要解决。其中设电报、办学堂等条意在强调兴办洋务的重要性。更重要的是，他看到了在中国建立海防的重要性，给出的论断是：没有海防就没有北京。“中国一日以北京为建都之地，那么一日不可与外国开战。”这句话的意思不是说不能在北京建都，而是直截了当地告诉李鸿章，如果大清国没有过硬的海防，没有正式的海军队伍，首都北京迟早会受到威胁。

试想，从鸦片战争到现在，西方列强都是仰仗着坚船利炮，一记老拳打穿清王朝的心脏，种种不平等条约也都是在威严、高耸的火炮底下签署的。从种种局势分析，建设海防、培养海军队伍已经到了亡羊补牢、再不补就要羊散圈空的地步。这一条诚恳、让人警醒的赠言仿佛在李鸿章的后脑勺上扇了一巴掌。李鸿章猛然察觉到大清朝海防事业的紧迫性，这种紧迫性不仅促使他要把眼光投向海洋，更要通过实际的措施去改变大清朝海军落后的现状。

另外，中国聘请洋人的时候，总是觉得我们学习的只是技术，所谓“师夷长技以制夷”，就是说，我们学你的技术，但是我们的立国之本、文化之本都必须是中国的。几十年中，这种态度导致中国人在学习西方的时候，不是虔诚去学习，不像日本那样推倒自己的一切，全部西化。这就导致在任用洋人的时候，不能学得全部、草草了事。这一预言在北洋水师成军后得到了极大的体现。正是这样的学习态度给北洋水师带来了沉重的打击和教训。

现在的大清朝犹如一条内脏腐烂、皮肉尽消的大虫体，急切需要一场革新。而且这一革新不是要清除它的炎症，也不是捂死这只大虫，而是用慢性毒药慢慢喂养他，让他虚胖，推迟他的死亡。这样的革新终不会有什么理想的结局，并且举步维艰，甚至吃力不讨好。但是出于个人利益、个人权势，甚至为了得到大清朝统治者们的认同，李鸿章不会放过这样一个大好机会，他要去干实事，而且要干好这些实事。

这20条赠言每一条都在撼动着李鸿章的内心，他怎么也想象不到，就这样一位常胜军的小队长对中国局势、中国面临的危机，竟能做出如此完备而实际的预言。50年之后，这些预言都一条一条得到了验证。

贰 建设海军工厂

1. 江南制造局

众多列强一脚踹开中国沉重、闭塞的大门时，中国人最感同身受的就是那些洋人们的“坚船利炮”。李鸿章在安徽时，还觉得大清国和列强们差不了多少，不过是一排排大炮、一艘艘军舰罢了。但是等他到了上海，他猛然间觉悟过来，在中国别说制造这些洋枪洋炮，就算想要摸清楚制造的原理、流程都异乎困难，一点门道也摸不着。洋枪、洋炮、军舰都得到国外购买，列强们不仅有火炮、军舰，还有制造这些火炮、军舰的机器，而且这些机器又是由其他种类的机器制造出来，这样一咕噜往下捋，大清国和洋人，就不是虾皮与虾米的差别，而是虾子与大白鲨的不同了。要建立大清国的海军，就必须在陆地上提供一整套的完备的海军工厂。这一条体系中大清国能够自己生产制造炮船所需的零件、部位，甚至能造出自己的大船来。

中国人从元代开始就会使用大炮，但是历代统治者都唯恐民间掌握这一技术，威胁他们的专制统治。于是过了几百年，大炮技术一直没有得到长足而有效的发展，这就好比国家为了维护自己网络安全系统，严禁老百姓们在家里上 WiFi，停止一切刷微博、写博客、发帖子的行为一样。中国作为火药的发明国，火药的用途还局限在放鞭炮、燃烟花，在水塘里炸炸鱼什么的。要是学习西方把大炮放到舰船上，建造自己的舰船，绝对是跨时代的大事情。

同治三年，也就是 1864 年，淮军从下游进攻上游、配合湘军，几乎荡平了太平天国，用官方话说：天下大定。这时，李鸿章没有闲下来，而是启奏朝廷中枢、主持总理衙门的恭亲王，建议中国是时候引进外国利器、以图自强了。他在信中说：天下事穷则变，变则通。中国历代士大夫沉浸在章句小楷之积习中，导致用非所学、学非所用，我认为中国要自强必须学习西方的利器。李鸿章的这些想法是他身处上海这样一个中西交融、五方杂处的地方，得出来的一个扎进血管里的真实感受。这一感性认识改变了他的世界观。在信中，他还以正处于明治维新时期的日本为例，列举出向西方学习的必要性和可行性。他的这一观点，远远超过了同时代的其他人，其中也包括他的老师曾国藩。这一道“分水岭”形成后，曾国藩与李鸿章分别走向了两条完全不同的道路。

李鸿章在上海站住脚后，在一个阳光懒散的午后，丁日昌走进李鸿章的住宅。此时的丁日昌还不是我们在历史书上认识的，抗击西方列强的英雄丁日昌，他跟随曾国藩当了幕僚后，1862 年 5 月被派往广东督办厘务和火器，1864 年夏天出任苏淞太兵备道，他这次来找李鸿章是干什么的呢？

李鸿章在书房里接见了丁日昌。

“大人，丁某有要事找您。”丁日昌一走进敞亮、宽阔的书房里便开口说。李鸿章正埋头阅读一本古书，封皮湛绿色、看不清名目。他没有直接放下书，而是抬头从书角方向目视了来人。

“原来是你啊，有什么紧急的事情？”李鸿章问。

“我有东西要给大人看，我从王韬那里拿来的。”丁日昌走近书桌说。

“王韬，就是那个暗地给太平军献计献策的那个？”

“正是他，他还懂翻译，他还参与翻译了洋人的《圣经》，前不久，他刚把西方人的火器图翻译了过来。”

“火器图？”李鸿章放下书，看着丁日昌手里的长卷轴，站起来说：“给我看看。”

丁日昌恭敬地站在李鸿章旁边，缓缓展开那只卷轴，卷轴上多半是各种稀奇古怪的图形，只有很少的文字解说，李鸿章看得并不太懂，但是他欢欣不已，这正是他急需的东西。

“有了这张图，我们就能仿制了，我们要是自己制造出这些火器，那就不得了了。”他说。

“是啊。大人，丁某人就是这样想的。”

“我们得有一个厂子，有机器，能造火器的厂子，让我想想。”李鸿章思量片刻，“前不久，有一个美国人，他原先是个商人，他在上海办了一个小厂子，听说是造机器的，但不知是造什么方面的机器，你去帮我核对一下，看看有没有造枪、造炮的机器，要是有，我们就能把它接管下来。”

“好的，我今天就去看看。”

两天后，李鸿章得知，这个小厂因为效益不好，早就停工倒闭了。这样更好，他立马打点关系，把小厂接管下来，开始制造炸弹。这就是后来的上海炸弹局。

上海炸弹局逐渐壮大，合并另外一个英国人在上海开办的炸弹局，又融进一大笔资金，最终形成了颇有规模的江南制造局。江南制造局，这一军工企业，一直都是淮军的附属企业，它越变越强，有了自己的设计机构、翻译机构、学馆，当时应该有的全都有了。在当时，还没有引进外资、官督商办这一说法，所有的集资行为都是在民间进行的，与政府不挂钩，但是江南制造局却是朝廷督办的大中型军工企业，能造船、造钢铁、造大炮、造枪支等。

李鸿章在后来的时光里办了很多军工企业。他在所办的近代军事企业中用了很多外籍雇员，其中有傅兰雅，他在江南制造局里当科技翻译官。就是他跟中国的徐寿合作，翻译了中国最早的元素周期表。

另一个值得提到的是马格里，他是一名军医，跟随淮军征战多年，深得李鸿章的信任。李鸿章这个人很重感情，这也是他失误的地方。马格里是名出色的军医，但是对制造技术一窍不通，当他接受李鸿章的邀请，担任在南京刚刚成立的金陵机器制造局的督办时，他糊里糊涂地觉得这玩意也没什么难的，便一口答应下来，他从英国弄来一沓沓图纸，又找来很多工匠，慢慢地、自信地干了起来。

开工那天，马格里专门把李鸿章请来参观。工厂的院子里蹲放着五六台黑不溜秋的大铁块，李鸿章绕着这些大铁块观摩了半晌，也弄不清是怎么操作的。他在整个院子里走了两圈，轻轻抚摸着这些凉飕飕的铁块。他想象不出，这些铁块是作何用处，投进去的那些钱，原来就是买了这些咋咋呼呼的玩意了。洋枪、洋炮是怎么造出来的？难不成是从这些铁狮子嘴里蹦出来的不成？就在李鸿章纳闷之时，马格里一声不吭，悄悄走到开关那里，拉下手闸，猛然之间，这些大家伙躁动起来，浑身颤动，机身“吱呀”作响，不过半分钟，浓厚的云雾从机器里飘出来，原来这些大铁块就是西方有名的蒸汽机。李鸿章惊吓得退到一边，害怕得一句话也说不出来。

其实，这几台大家伙不过是一套简单的军工机械，包括一台蒸汽锅炉、铁水包、化铁炉，还有几台小型机床。仅用一炉烧热的开水，就能让蒸汽机运转不停，转动铁轮、带动皮带，旁边的机床全都活动起来，打孔、挑选螺丝钉、铸弹壳，平日里需要上百人工作很久才能完成的活儿，眨眼间全部完成了。

李鸿章参观了一整个上午，什么也没说、什么也没做，只是在一旁傻傻地观看着机器运转、看着工人忙碌，他分不清自己的内心到底是惊喜还是恐惧。

遗憾的是，好景不长，马格里能表面上糊弄李鸿章，但是机器厂要长久运营下去，必须要有懂技术、懂管理的领导者，让一名医生去制造大炮，这明显是“专业不对口”，出事故是迟早的事。

马格里在金陵机器局监制的68磅大炮，于1875年1月在大沽口炮台试放。只听得“轰隆”一声巨响，炮弹没有飞弹出去，而是在炮口爆炸了，五名士兵当场死亡，十三人重伤。几个月后，又发生了更为惨烈的爆炸事件，李鸿章很是沮丧，只得撤销马格里在金陵机器局的全部职务。发生两次爆炸，完全是因为马格里不懂造炮技术所造成的。这个时候，李鸿章开始意识到不是每个洋人都懂得蒸汽机原理，也不是每一个洋人都能随随便便造出洋枪洋炮。他认识到必须痛定思痛，在学习西方技艺、吸取西方人才方面，应该各专一行，各有各的路数才能行。

2. 海军梦的破灭

1863年春末，有一位叫李泰国的英国人来到李鸿章在上海的府邸。这个李泰国15岁来到中国，精通中文，当时是中国海关第一任总税务司。他气势凌人地找到李鸿章，不是为了别的，而是要钱来了。

原来在去年，就在李鸿章率领淮军夜乘火轮船赶赴上海的那一年，清政府委托李泰国从英国购置一支舰队——阿思本舰队，亦称英中联合舰队。共有中级兵轮三艘，小级兵轮四艘，造舰武器总经费计八十万两。舰队有七艘在英国购置的军舰，由英国海军上校舍纳德·阿思本为司令，船上六百名军官及水手俱在英国招募。舰队于1863年到达天津。

阿思本舰队除军舰七艘，另有供应船两艘。整个舰队共装备火炮40余门，兵员400余人（清廷原预定各舰人员编制为中级兵轮洋员30人，华人100人；小级兵轮洋员10人，华人30至40人）。

它们从英国利物浦港启碇，驶过当时还需绕道好望角的漫长的欧亚航线，到达了上海。而当时清政府则命名其中的7艘为“一统”号，“金台”号，“广方”号，“得胜”号，“三卫”号，“百粤”号，“镇吴”号。

在这支舰队到上海前几个月，李泰国跑到北京，向总理衙门递交了他以“中国政府全权代表”身份私自与阿思本签订的“合同”等文件，说他在英国订造的7艘舰只共支出银107万两；招募英国海军军官兵600余人，议定以4年为期，并订有合同共13条。李阿合同指出：中国建立外海水师，阿思本要做四年的舰队长。除了阿思本，中国不得找其他外国人。另外，所有此项水师各船员弁、兵丁、水手均由阿思本选用。阿思本只执行李泰国转交的中国皇帝命令。若由别人转谕，则不能遵行，还有一项更是令人发指：中国所有外国样式船只，或者内地雇外国人管理者，或中国调用官民所置各轮船，均归阿思本一律管辖、调度。

当总理衙门见到李、阿合同时，总理衙门诸位大人均目瞪口呆："其意竟思借此一举，将中国兵权、利权全行移于国外。"李阿合同的潜台词是，中国的这些舰船跟你们中国人没关系了。你们出钱，我们来管理。

按照这个合同，大清帝国花了 100 多万两银子买来的舰队，完全成了挂外国旗、听命于外国人的外国舰队。而且阿思本不仅是这支舰队的司令，还成了中国海军的总司令。接到这份合同后，奕䜣也大吃一惊：原来英国人想借此一举将中国兵权全夺走。消息传出后，朝廷内外立刻一片哗然。

但因急于用舰队镇压太平军，总理衙门仍做了极大的克制和让步，与李泰国再三谈判，经过反复讨价还价，双方另行议定了《火轮师船章程》五条，规定由中国人充任舰队的"汉总统"，阿思本降为"帮同总统"，作战时必须听从地方督抚大员的指挥调遣。同时，双方还订了攻打太平军的分赃协定：攻占南京后，所得财物“以三分归朝廷充分，以三分半归阿思本赏外国兵弁，以三分半归中国兵弁作赏；如果阿思本率舰队独占南京，则“七分阿思本充赏”。

从条款中可以看出，清廷买舰队的目的不是为了抵御外强，而是单纯用来对付长江浪头上的太平军。李泰国在英国购置了7艘轮船，还聘请了英国皇家海军舰长阿思本为舰队司令管代。在没有得到中国政府授权下，李泰国要求阿思本只对他一个人负责。不仅如此，今后中国购买的军舰、新式海军都要归到阿思本管理指挥。

当清政府的官员责问李泰国时，李泰国说：“我是一名受中国政府雇佣的外国人，我为他们做事，但不是他们的下属，一位英国绅士在亚洲野蛮人下面做事的观念是荒谬的。”傲慢的李泰国从英国回来后，又将舰队任意加价，并三天两头找李鸿章索要款项。

这件事在李鸿章雄心勃勃“实践洋务”时，埋下了隐形的导火索，这一导火索即将引爆一系列麻烦事，它不仅困扰了李鸿章、总理衙门，也再次给大清国带来了意想不到的损失。

李鸿章早听闻李泰国“吃里爬外”，对他没有一丝好感，谈到要钱，李鸿章放下手头的批阅公文的毛笔，冷冷地看着李泰国。

“没有钱。”李鸿章说。

“没钱？”李泰国问，“堂堂大清国，怎么会没钱呢？”

“没钱，就是没钱。”李鸿章重复说，“就算有钱，也不会给你，别说现在没钱了。”这句话把李泰国逼急眼了，“你就不怕我去北京参你一本？”

“参我一本？哼，不给就是不给，你倒是可以参我一本试试，看有没有人理睬你？”

“你口气够大的。”李泰国说。听李泰国表现出示弱的口气，李鸿章首先摆出一副盛气凌人的模样，从而让自己在声势上压倒对方，他把这种方法称为“打子腔”。

“我口气是大了点，但也没有像你这样胡搅蛮缠，我现在有重兵十万，如果你再继续要挟，你我之间少不了一战，你自己琢磨琢磨。”李鸿章说。

看李鸿章毫不松口，而且语气越来越强硬，李泰国不再多谈，挥袖离去，李鸿章没有相送，屁股抬也不抬，继续提笔批公文。

李鸿章嘴上强硬、气势上也大大压倒了李泰国，但是他心里还是没底的，毕竟这外国佬跑去北京，吐自己的口水，总没有什么好处，而且要钱的事也经过了一段时间，看来是该解决了。

李泰国走后，李鸿章批了两份公文，喝下半壶茶，便给总理衙门写了一封信。他在信中写道："国家度支有节，不能像卖菜一样任意加价，将来漫无节制，我们怎么办？"然后，他表现出对李泰国专权的强烈不满："中国人买的舰队，怎么能让外国人来控制呢？这样下去，后患无穷啊。"他推荐另一位叫赫德的英国人，来取代傲慢无礼的李泰国担任大清国海关总税务司。

赫德于 1835 年生于英国北爱尔兰亚尔马郡之波塔当，是北爱尔兰人。1853 年毕业于贝尔法斯特之王后学院。他 19 岁来到中国，先在香港接受见习翻译的培训，随即被派往英国驻宁波领事馆担任翻译。先后在英国驻宁波和广州领事馆担任翻译和助理。1859 年起任粤海关副税务司。1861 年起，代理总税务司职务。

李鸿章觉得赫德可靠，赫德瘦小清瘦、精明务实，对雇主很忠心。他曾批评过李泰国的为人：有人完全不信任中国人，深信唯一可行的方法就是用强力逼迫中国人，这一套在地方道台身上可能奏效，但是对于京城大员，那就是太荒谬了。

李鸿章在给总理衙门的信中夸奖赫德"人尚平正，周旋中外之间，随事尽力，众誉交推"，并建议总理衙门应该利用赫德打压李泰国，达到以夷制夷的效果。信发出后，还没有得到回音，李泰国已经来到了北京。

李泰国与李鸿章争论一番之后，心里憋着一股闷气。他来到北京，找到总理衙门，要总理衙门认可他擅自与阿思本签订的合同。而总理衙门则认为，舰队应该由中国管理。于是，李泰国勉强同意舰队的实质指挥权在清政府，中国可以派人到船上学习。总理衙门便同意了。李鸿章得知此事，大为震惊。他立刻又去一封信，信中陈述了中国派人上船有三大困难：

外国水兵人数众多，三百来号人，彼众我寡，语言不通，中国官员根本无法指挥；

如果李泰国从中使坏，中国统兵的官员可能受到要挟；

洋人不一定真心去教中国人。

总理衙门接到李鸿章的来信后，没有过多重视，他们简单回信说，李巡抚实在多虑了。

事情果不出李鸿章所料，英国舰长阿思本和李泰国一同到达北京，阿思本坚决要求推翻前面的约定，要求亲自掌管中国海军。这时，总理衙门才意识到，李泰国根本不是想把军舰交给中国。

双方争执不下，最后，清政府只得妥协，财务部拿出55万英镑购置的舰队驶回英国变卖，再付给李泰国、阿思本和其他官兵一笔遣返费。这比买卖做得亏了血本了，一买、一卖，中间亏损了数十万两银子。阿思本舰队解散，各军舰由阿思本带回伦敦拍卖。

这次，中国第一次要建立近代海军的美梦，算是彻底破灭了。但幸运的是，总理衙门通过这件事情，重用了李鸿章和赫德。

李鸿章和赫德二人，几乎是同时登上晚清的历史舞台。事后，按照李鸿章的意见，赫德接替了吃里爬外的李泰国，担任大清海关总税务司。这个职位他一直干了48年。

当时，海关税务司一职都是由外国人担任，主要是因为相信外国人比大清官员更懂得国际法，也更为清廉。赫德上任之后，对雇员们说："必须时时谨记在心，海关税务司署是中国衙门，不是洋机构，所以每位职员必须都依中国人的意志办事。"

近代中国，与外国人打交道的事情中，中国从来只有拨钱、割地的份儿。这一次损失表面上看是因为李泰国无理取闹造成的，但是深挖下去，在列强重压下的中国，制度腐败、人浮于事、上下级沟通不畅，这样很难与洋人周旋，单单为了建立镇压太平军的海上军队这件事都异常困难。一方面，清政府"主动"寻求海军变革，最终目的是为了维护自己的皇族利益。虽然"大笔花钱”、雇佣洋教员，但是他们没有勇气、也没有能力对自己开刀，不敢割除自身病症，不敢割除多余的脂肪。另一方面，清政府遇事惯用的手法是“补丁政策”，这边缺了，就补上一块，不敢废除原来的，而是贴上新的一块臭补丁。比如，大清的八旗军不行，就补上湘军、淮军，就算八旗军是多余的，也不会去割除。新补丁贴旧补丁，最后千疮百孔，无可救药。这样的“补丁政策”，无法给中国带来坚实的海防，只能破绽百出，沦为笑柄。

此时，大清水师的全部家当只有 800 多艘木制风帆船。

直到 1868 年，李鸿章一手经办的上海江南制造局，组装出中国第一艘较大轮船“惠吉”号，情况才稍有好转。“惠吉”号在 7 月 23 日完工，木质船身，长 185 尺，宽 27.2 尺，吃水 8 尺；货物装载量 600 吨，392 匹马力，航速 9 节；装备九门火炮。轮机是采购西方旧货翻修，其余船壳与锅炉为自制，造价 81 400 两。中国的海防事业似乎看到了一丝光亮。

3. 出国培养海军人才

镇压太平军、肃清西捻军，巧妙解决“天津教案”，李鸿章在官场上一路高升，当上湖广总督，此时的李鸿章终于可以与老师曾国藩平起平坐了。

曾国藩将要离开天津去当两江总督去了，李鸿章登门拜会自己的老师，他一进府，当场就愣住了。曾国藩身边坐着一个怪人，他中等个头、脸大额头宽，大眼浓眉，很有精神。全身上下彻头彻尾的洋人打扮：头戴高顶礼帽，穿黑色燕尾西服，西服下摆是黑色西裤，胸口打着一条醒目的红色领带，脚上一双大皮鞋漆黑锃亮。

在天津的大马路上也能见到这样打扮的中国人，但是这样的人和曾国藩站在一起，就好比在大别墅旁边，盖了四合院。别墅和四合院各有韵味，不能说谁好，谁不好，这就跟曾国藩与这个洋装打扮的人一样，你不能说曾国藩土，也不能说那位仁兄媚外，品味只能由个人自己拿捏。这位年轻人见到李鸿章赶紧起身，给李鸿章鞠躬。这个人怎么看都像是洋人，但是当他低头鞠躬的那一刻，李鸿章分明看到这一套洋装后面，依旧拖拉着一条冗长而稀疏的辫子。

这位年轻人叫容闳，广东香山人。在今天看来，容闳是当之无愧的“留学生之父”。容闳早在美国求学的时候，就深感中国异常闭塞，过于保守。这么一个大国，竟然与现代世界文明是绝缘的。这样下去，中国不是被外国侵略者拆掉紫禁城，就是在固步自封中走向瓦解，结果只有一个，那就是沦为列强的殖民地。想要不亡国，就要开眼看世界，要开眼看世界，就要有出去看世界的一批人，而不是一个人。

但是国内的大众意识却恰好相反，那些一心只读圣贤书、想靠科举出人头地的人虽然年轻，内心却早已腐朽，想把他们培养成眼光远大、心胸开阔、能接受外来新鲜事物的年轻人，实在太困难。容闳决定，不如选取十二三岁的少年，送出国去，在国外住上几年，这些孩子从小就能接受西方教育，接触西方的新思想，直到他们长大成人，进大学深造，学成归国后，必将改变中国的风气思潮。

曾国藩把容闳介绍给了李鸿章，容闳直截了当地说出想要派遣留学生的想法。李鸿章紧皱眉头，寻思良久后才拍案叫好。

“这些孩子去了国外，能学到海军、船坞相关的知识吗？”李鸿章开口便问。

“有很多门类，文艺、制造、医药等。至于海军、船坞方面肯定也是需要学习的。”

“好，这些孩子去了国外，不出十年，肯定能学成归来。”李鸿章说。他心想：搭上这次留学的顺风车，肯定能送几个学生过去专门学习海军技术，并且将能为我所用。大清国懂海军的人才实在太少，总是聘请洋人不会是长久之计，只有扎实地把国外的海军技术、制度学习回来，这样才能真正摆脱依赖洋人的尴尬处境。十年也不是太长的时间，我李某人当官再当个十年也是可以的，到时候这些人才统统归入我的麾下，这样想来，派出留学生对我也是特别有利的。没有这些人才，光凭我一个人折腾，肯定是不成气候的。况且，我对于海军懂的并不多，指不定以后就遇到什么问题，到时候还真得请教这帮留学生了。

容闳看了一眼李鸿章，说："所以，这些孩子要是送到美国，美国方面一定会照顾妥善。目前，我觉得每年送出 30 人，先定 4 年，一共送出 120 人，要是效果好，就接着办。"容闳说。李鸿章和曾国藩相互点点头，表示赞许。容闳接着说："这些孩子最好选择十二三岁的年纪，一方面，他们生活已经能自理，另一方面，这个年纪的孩子接受新事物特别快。"

"费用方面，应该不在少数。"曾国藩补充说。

"费用，我也考虑过，这些孩子到美国入学，直到读完大学，前前后后加起来 15 年时间，在美国吃住加上读书费用，大约每个孩子 15 年间要花掉 4 万两银子。"

李鸿章当场赞同，愿意跟着曾国藩一同联名上折促成此事。李鸿章在奏折中把整件事概括为："中华创始之举，古今未有之事。”为了“收久大之效”，李鸿章规划了一个 15 年的培养计划，准备送 120 个孩子分批赴美。这次派遣留学生的待遇非常好：15 年中的全部开销均由清政府承担；提供大学毕业后在美国游学两年的花费；回国后自行安排工作，总理衙门会量才使用，有海军方面的人才更能得到适合的岗位。

1872 年 8 月 21 日清晨，上海的码头上还没有完全苏醒起来，水浪静谧而舒缓，浪头一点一点地攀爬上岸边。码头上站着一群打着寒颤的孩子们，他们正在等待着上船，他们要去的地方，是叫一个“花旗”国的地方。把这个国家称为花旗国，是因为旗上有很多星星、多道条纹、红蓝白三种颜色，看起来较为花哨，故中国人以前称之为花旗，花旗国就是美国。

半个时辰之后，容闳和同事带着 30 个孩子登上了轮船，他们将横跨整个太平洋，前往美洲新大陆。

4. 轮船招商局

李鸿章亲手经营的江南制造总局运营良好，受到社会各界的支持与赞赏，就连他的老师曾国藩也欣然参加“惠吉”号轮船的试航仪式。

江南机器制造局在当时，是大清国最大的兵工厂，从1865年开始，江南机器制造局开始了对德式武器的仿制，1867年仿制出德国毛瑟11毫米前膛步枪，这是中国自己生产的第一种步枪，该枪使用黑火药和铅弹头，威力惊人，在1867年时，每天平均可以生产15支毛瑟枪和各式弹药，李鸿章认为当时该局生产的枪械弹药，对于后来平定"捻匪"有所助益。1891年时，机器局又第一次为中国炼出钢铁。

江南制造局取得如此骄人的成绩，但是大清朝内阁里却传出不同的声音。内阁大学士宋晋上奏，认为江南制造总局花费太大，所造轮船的质量又太差，白花大笔银子，很不值得，不如干脆查封江南制造局。

这句话并不是空穴来风，而是一句大实话。

当时制造局的军备生产成本相当高，可归因于几个方面：一、所有的生产原料几乎都靠进口；二、人员薪水偏高；三、申购物资过多；四、人员数过于浮滥，除了外国顾问日渐增加，中国官员、职员有不少人是利用关系进入，坐领干薪。这就导致了花费上、质量上都不尽如人意。但是反过来想，中国人刚开始造船，生产出来的东西当然要差一些，造价高一些，也是能够理解的，要是现在不学着自己造船，跟别人的差距岂不是越来越大?

就算东西再烂、花钱再多，也不能就此停住。哪次变革、哪次创新是一蹴而就、一帆风顺的呢？经营制造局已经迈出了超前而艰难的一步，若是再缩回来，那就是前功尽弃、徒劳无功了。

可是，江南制造局造船，越造越亏是事实，要想造船不亏钱，那就不能只造兵船，而应多造商船，支持中国商人。李鸿章也是在逼迫无奈之下，看到了河运、海运的商机。李鸿章断定改造商船有利可图，是有根有据的。

自清朝定都北京后，北方的粮食明显不够皇室贵族、大小官员食用，所以每年都要从各省调运大量的粮食进京，那个时候称为漕运。漕运，用今天的话来说，它就是利用水道（河道和海道）调运粮食（主要是公粮）的一种专业运输。以前，这些粮食多走运河，后来河道梗塞，只好由平底宽身的“沙船”走海路运输，这样的话，经营沙船的商家发了大财，可惜签了种种不平等条约之后，列强几乎垄断了长江上运输，国外的轮船公司一窝蜂地涌进大清国，短时间内就把中国自己的沙船运营打得落花流水，中国人哗啦啦的银子也流进了洋人的裤兜里。

这时候要是能自己办航运，跟洋人竞争赚钱，就再也没有人敢非议他李鸿章了。但是经营航运就是做生意，几千年来，中国人重农轻商，官府对商人的品行评价极低。把航运这样的大生意交给商人去办，官府不放心，官府自己办，又没有能力，权衡之后，李鸿章决定还是走曾国藩的老路子，商人承揽、官府督查——官督商办。

李鸿章找到经营过沙船生意的大财东朱其昂。在酒楼饭桌上，李鸿章把筹办轮船招商局的意思对他说了。

“总督大人，这是件利国利民的大好事啊。”朱其昂说，他放下手中的竹筷，马上犹豫起来，“但是，大人要到哪里去要来船呢？轮船招商局，当然要有像模像样的大船了。”

“轮船嘛，我们不用去跟洋人买，就用我们江南制造局生产的炮船。”李鸿章夹了一粒芝麻香花生米放进嘴里说。

“炮船？”朱其昂疑惑起来，“人有不同，船也存异，自古以来，炮船用来打仗，商船用来运货，小人不知用炮船怎么能替代商船去运粮食呢？这样是否可行，还请大人三思啊。”

“你的顾虑不无道理，但是在我看来，炮船改成商船是可行的，应该能凑合，不过是把炮船上的武器、设备拆运下来，换上商船必需的物什。没问题的。”李鸿章抿了一口酒说。烧酒灌进他的喉咙，一直火热地烧到胸口，那团热火在胸腔里化作一阵暖意。

“小人，还有一事请教。”朱其昂问。

“但说无妨，又没有别人。你放开说便是。”

“那小人就斗胆问大人了，大人，您说官督商办，这个，官如何督、商又该如何去办呢？将来这运营的股份怎么去算呢？”

“这一点，是应该跟你讲清楚，现在不讲清楚了，日后，肯定会生差错。轮船招商局实行股份制，股份制是洋人捣鼓出来的玩意，你要是不懂这个，大可问问他人，这里我就不细细跟你谈这个了。”李鸿章说。

“那是、那是。”

“制造局所造轮船折价合为股份，股份，那就得有一股一股。一股，我预计在一百两银子，这些股份都是由商人自己购买。我想啊，这股份的事情，洋人肯定比咱们更清楚，条款、章程方面要定得合理，还是找一个懂行的洋人来办，比较妥当。”李鸿章说。

“大人所言极是，”朱其昂站起来，躬身举杯向李鸿章敬酒，坐立后，又问，“朱某人我世世代代都在做沙船的生意，承办当地的货运，也为朝廷办理漕运。但是近几年，我想大人肯定是知道的。想当年，大清国签订《天津条约》的时候，洋人就取得了长江上的船运权，您想，美国旗昌洋行的旗昌轮船公司、英国怡和洋行的华海轮船公司、太古洋行的中国航业公司，以及省港澳轮船公司、公正轮船公司、北清轮船公司，纷纷挤进中国，中国自己的轮船根本竞争不过他们，这些洋人的轮船很快垄断了航运，咱们招商局刚刚办起来，怎么跟洋人竞争呢？”

“竞争的问题，确实需要着重考虑，”李鸿章说这话时，心里也没有想清楚到底怎么考虑，“这个竞争，你大可放心，有官府在后面撑腰，一定能争得过洋人。”

话已至此，官府都搬出来了，朱其昂也没有什么好问的了。他欣然答应了李鸿章的请求。

于是，轮船招商局正式成立，开始招商。眼看事情顺利地进行着，但是却严重地划了一个抛物线。朱其昂世代都在经营沙船生意，但是他本人对沙船一窍不通。从买船到运营，各个地方都不顺利，刚刚半年的时间，招商局亏损了 42 000 两银子，这可不是个小数目，他只好辞去招商局总办的职务。想不到要为轮船招商局找个管事的人，就那么困难。

李鸿章只好另找他人，这一次，他找到了盛宣怀。

盛宣怀是江苏常州人，他的父亲当过盐运使、布政使，家里相当有钱，这些钱财的取得，与航运事业是休戚相关的。这个盛宣怀秀才出身，但是却怎么也考不上举人，跟范进是有的一拼的，最后只好花钱四处打理，买了个芝麻小官。

因为盛宣怀的父亲和李鸿章认识，就把他推荐到淮军，给李鸿章当文案。历史总是发生一些惊人相似的地方，这就好像当年李鸿章的父亲与曾国藩认识一样，儿子总能从父亲那里捞到好处。父辈积攒下的人脉，往往会在儿子身上体现出来，发挥作用。盛宣怀后来在李鸿章的支持下，开始主管粮台的职务。可以说，盛宣怀一生的功业富贵全是倚仗着李鸿章，所以对李鸿章忠心耿耿。

盛宣怀读书不行，连举人也考不上，但是脑子却格外灵活，天生是个算账、做生意的材料。李鸿章把盛宣怀叫过来，这事看来是有点着落了。

盛宣怀前来拜见，身后又带了一个人过来。来人见到李鸿章，上前叩拜。

“小人唐延枢，是怡和洋行的买办。现在自己跑航运了。”

“快快请起，既然是宣怀带来的人，那就是自己人了，起来说话。”李鸿章上前扶起他。唐延枢站起来，坐在藤椅上说话。

“自己跑航运，从哪里到哪里？”李鸿章问。

“从香港到上海这条航线。”

唐延枢是广东香山人，精通英文，自幼在香港马礼逊教会学堂上课，跟前文提到的容闳是同学。后来又转到英国人办的教会学校学习，对洋人的事非常了解，擅长做生意，开过当铺，在海关当过职员，最后在英国人的怡和洋行当起了买办，不但替怡和洋行赚了数不清的银子，他自己也借这个机会大发特发，成了上海有名的财主。

“怎么会想起自己经营航运呢？洋行的买办干得好好的，一般人可不会有你这样的气魄，自己跑航运。”李鸿章说。

“这件事说来话长啊，我从前也跟宣怀兄谈过这件事，跟大人说说，也是应该的。”唐延枢看了一眼盛宣怀，继续说，“不怕大人笑话，其实，我是憎恨洋人的。”

“憎恨洋人？全国上下，谁不憎恨侵占我大清国的洋人呢？”

“我与国人的憎恨还是有区别的。国人是憎恨洋人侵我国土、索赔我金银。而我的憎恨完全是因为一件事引起的。”

“唐先生说话，真会吊人胃口，我倒是想听听到底是什么事情。”

“我在洋行里做买办的时候，有一回，我坐轮船从上海回香港，走到半路，遇上了台风，轮船停航避风。船在海上耽搁了五六天的工夫，这期间，洋人船主每天只给船上的每一位中国人一磅淡水。大人啊，一天，只有一磅淡水，解渴、洗漱勉强够用，要是想洗衣、沐浴根本是不可能的。”

“耽搁五六天，是不是船上特别缺水，要是遇上紧急情况，每人少分一些水，也无过之有啊。”李鸿章说。

“是啊，要是当真困难，水量紧缺，一天一磅水是可以理解的，我也完全不会想到要去恨那帮洋人。可是，大人您知道吗？当时船上运了一百多只绵羊，羊群里却放着满满一桶的清水，任它们饮用，而且每天都换上一桶，没有饮用完的，全都倒进海里，也不给我们中国人喝。”唐延枢说到激动处，喉咙哽咽住了。李鸿章深深叹了口气，“看来，中国人在那些洋人眼中，连畜生都不如。”

“正是这样啊，哪有这样对待人的，在船上活着，都不如一只畜生。回来后，我就不给洋行做买办了，我身上还积攒了一些钱，我拿这些钱租了两艘船，就自己跑起航运来了。”

“两艘船？”李鸿章说。

“是啊，我当时的钱只够付两艘船的租金，而且还要请工人。我虽然只有两艘船，但是我就是要让别人知道，我不会为洋人卖命了。我宁愿饿死，也不会再跟在洋人后面干活。”

“看来我是找对人了，我正需要一位像你这样的人物。”

“多亏了宣怀兄的帮忙，我才得知大人正在兴办轮船招商局。小人愿意为总督大人敬献自己的微薄之力。”

“实不相瞒啊，轮船招商局现在正在走下坡路，而且我对做生意简直是一窍不通，我是没有回天之力了，还得靠你们啊。你看，要跟洋人竞争，你有什么良策吗？”

“良策不敢说，主意倒是有的，正所谓知己知彼、百战不殆，我先来分析一下洋人是什么样的心思。”唐廷枢继续说，“为了挤垮轮船招商局，他们大概会采取三个方法，第一就是共同降低运费，洋行联合起来，挤兑招商局，第二就是用他们手里的钱买断招商局的股份，从而在经济上控制招商局。至于这第三嘛，就有点不正当了，他们很可能四下散布谣言，恫吓那些想要买股份的商人，让他们不敢入股，招商局没有了资金，自然就不攻自败、自行倒闭了。”

“资金周转，我倒是可以想想办法，我可以去直隶练饷局借一笔款子，先应付资金周转困难的危机，日后招商局挣了钱，再还回去，到时候，商人们也就都会来入股了。不过，要防止洋人购买股份，我还没有想出权宜的办法来。你们看呢？”李鸿章抬头看着他们问。

盛宣怀不知说什么好，只好对唐廷枢拱手作揖，“还是请唐兄想想办法。”

“办法是有的，我们不能和洋人当面冲突，但是章程是我们定的，我们大可在章程上做做文章，把章程改改。”唐延枢低头自言自语起来，“凡是购买招商局股份的人，全部都要写清楚姓名、籍贯，要登记在册。如果想出让股份，必须到招商局注册，不准私下出让给洋人。这样一来，洋人就不能轻易弄到招商局的股份了。另外，再加上一条，招商局所有买办、董事的姓名、籍贯也要登记下来，由官方保管，若是要更换总办、董事，必须经过官方同意才能实行。加上这一条，基本上就能杜绝洋人购买到招商局的股份。我现在担心的是，洋人们会联合起来挤兑，这一招太狠了，而且想躲也躲不过。洋人钱多、势大，斗是斗不过他们的。”

“要是这样一来，困难还是没有解决啊。”盛宣怀插嘴道。

“斗是一定要斗的，但是不能硬来，硬来，碰伤的肯定是我们。谁来承担航运是朝廷来定的，虽然洋人设备先进、速度也远超过我们，但是只要在朝廷里打开一条路子，能有一两条航运，给我们招商局来承运，那我们就能在头几年避开竞争，先稳稳当当挣上一笔。”

“大人说的是啊。”唐延枢感叹道。

当晚，李鸿章起草完奏折，派仆人连夜赶路，送去京城。京城的回复是，以后江浙两省进京的漕米，其中有四成拨给招商局

专运。另外，凡是沿江、沿海所

有州县转运官方物资也一律交给招商局来运送。

有了这两笔大买卖，轮船招商局又活跃起来。唐廷枢正式进入轮船招商局担任总办。经过一番艰苦打拼，轮船招商局终于在上海稳稳站住了脚后跟。1875 年 11 月初招商局发起组建保险招商局，是为中国人自办保险业之始；1875 年招商局请上海英国工部局技术协助，架设从总局至虹口码头的电缆，这是中国人自己架设的第一条专用电话线；1876 年 3 月招商局收购美资旗昌轮船公司举行换旗过户。该公司 7 艘海轮、9 艘江轮及各种趸船、驳船、码头、栈房等全部财产作价白银 222 万两，购归局有。这也是中国民族工商企业第一次收购外商资产；12 月与英资太古、怡和签订了合同。这是中国民族企业对抗外商倾轧的一次重大胜利。

轮船招商局走进 21 世纪、发展到今天，不仅经营交通运输，而且还有金融投资和房地产业，现在已经变成赫赫有名的招商局集团，年营业额高达 236.85 亿人民币。它是中国民族工商业的先驱，被誉为“中国民族企业百年历程的缩影”。

叁 朝廷内的海陆之争

1. 舌战日本来使

1870年的秋天，晨光眨着惺忪的睡眼，凝视着马路上久远、深长的纹理。枯黄的梧桐叶摆脱枝干的束缚，悄然落下来。一夜风雨捶打，潮湿、泥泞的街道上堆积了厚厚的一层落叶。一脚踩踏上去，一阵“簌簌”声，犹如叶脉发出轻微的断骨声。枯叶凝滞在地面上，像一片泛黄的化石，化石里面隐藏着岁月流逝无法言说的秘密。天津北洋通商大臣府邸前聚集了整整一指厚的梧桐叶时，马路上已徜徉起无数奔波的洋车、食客、小贩、伙计，还有三两个卖报的儿童。人群中有一双踏着高筒皮鞋的大脚急忙奔走着，他精神抖擞，胸口打了一只鲜艳醒目的红色领结。他是一名日本人，叫柳原前光，他是日本政府代表、外务大丞。

上午大概十点钟的样子，他径直穿过马路，走到北洋通商大臣府邸前，叩响铜门。在此之前，中国与日本的官方往来已经断交了 300 年。早在明朝的时候，日本曾是中国的朝贡国，但是到了 16 世纪以后，日本政界一致认为，这样不体面的关系有辱自己的国家，于是与中国中断了往来。

这位不速之客为什么在这个时候来找李鸿章呢？他为什么没有直接去拜见中国皇帝，或者跑去总理衙门谈谈呢？作为外交家的李鸿章，这里还得多说两句。

前些年，《北京条约》签订之后，外国公使进驻北京，每一任公使都要呈递国书。总理衙门那些王爷、大臣们不愿意见外国人，大清朝的皇帝更不愿见。原因出在中外礼节的问题上。中国人见上级、见长辈都要跪拜，而外国人觉得鞠个躬就算完事了，跪拜实在麻烦，而且没有必要。所以，那些达官贵人们不愿意见外国人，要是那些外国人来见，不跪、不拜怎么办？要是逼人跪拜，岂不是伤了和气。

于是往后再遇到与外国人打交道的事情，统统推给了李鸿章李中堂。李中堂也就顺理成章地成为中国晚清外交的代表人物。清政府几乎所有的重大涉外事件，都要向李鸿章咨询，事实上，这种情况就形成了另一个以李鸿章为中心的外交总署。这个总署，基本上相当于现在的外交部，而外交部部长、发言人，非李鸿章莫属了。

其实，很多外交上的事情到了天津就完全解决了，犯不着跑到北京去，李鸿章只需写个折子，把合同、文书之类的送到北京签上字就行了。

这一天，李鸿章刚用完早餐，蜷缩在院子里的躺椅上，手里忙活着往烟枪里填新鲜的烟叶。他掬起一小撮烟叶放在鼻前，轻轻闻嗅一阵，再把烟丝碾碎，他的手指上也沾上烟草淡淡的香味。他填装好烟丝，扶起烟杆，送到嘴角。站在旁边伺候的仆人划响火柴，帮他点着了。李鸿章就着明火，吮吸起来，不过两三口的工夫，烟斗里“呼呼”燃起星火，他的嘴里也“扑扑”往外喷出云烟。

他全身放松，把身体完全交给了躺椅。他把头也靠在椅子上，微闭上眼睛，舔舔唇角，慢慢品尝嘴里烟雾的滋味，仿佛他嘴里咬住的不是阵阵青烟，而是一块块棉花糖。他朝天吐出一个形状怪异的烟圈，吐烟圈还是他最近琢磨学会的技艺，这个当儿，他正好在仆人面前表演一番。那个烟圈越飘越高，越高越大，最后，不是断开了，而是消融进清晨肃寒的冷气里，就像海水融进浅澈的淡水里了。

这是多么惬意的早晨。李鸿章这样想，连连吐出五个烟圈，每个烟圈一个比一个圆，一个比一个大。他舒适地吸着烟，不知不觉沉睡过去。烟锅里的星火也渐渐暗下去，直到变成一小堆余烬。清早的微寒，料峭、调皮，寒风侵入他敞开的领口里，李鸿章打了个寒颤，像“咕噜咕噜”一口气喝完一碗水，全身凉气袭遍。他醒过来，见烟锅熄火了，仆人要上前点燃，他摆摆手，猛吸了两口，烟锅里的星火，再次亮起来，甚至发出“噼里啪啦”的声响。他想要燃旺那点星火，更用力吸了一口，不想一口烟气咽到嗓子里，他拿开烟嘴，咳嗽起来。胸口一块浓痰涌上来，仆人拿过痰盂帮他处理了脏污。

他在痰盂桶边，磕掉燃尽的烟丝，打算重新装上一锅烟草。他想，要是再吸上两锅烟，这个早晨就安详地度过了。这是一个好兆头。但是就在他装上第二锅烟，正准备点着的时候，一阵急促的敲门声，打乱了这个清晨安详、惬意的氛围。

来人不像是中国人，也不是之前总是打交道的英国人、美国人。李鸿章正纳闷之时，来人跟随开门的仆人走到李鸿章面前，深深鞠了一躬，恭谨地站在一旁。

“小人是日本政府派来的外务大丞，柳原前光。”日本人语气极为恭敬。李鸿章看他一眼，挥了个手势，仆人再次点燃烟丝。李鸿章轻轻吸了几口，再没有上一锅味道那般美好、甘甜。他索性用拇指摁灭了烟锅。这次，他没有磕掉烟丝，而是直接递给了仆人。仆人端着烟杆进屋了。柳原前光见到李鸿章没有任何说话的意思，便继续开了口，“这次，小人来华的目的，只为一个，本国想与贵国重新通好，结和亲，恢复中断已久的中日官方往来。”

李鸿章暗中狐疑，隔绝了300年，说恢复就能恢复吗？这次日本派来使，难道仅仅是为了“通情好、结和亲”的吗？会这么简单吗？是不是还有别的什么企图？但是见这位来使态度虔诚，不像是有什么图谋的。李鸿章一时拿不定主意。

“往不往来，我李某人，是说不准的，还得请示当今的皇上。”李鸿章说。

“那是、那是，本国与贵国建交的诚意，天地可鉴，希望中堂禀报贵国皇帝。”柳原前光说。

“禀报，当然要禀报的。”李鸿章说。

李鸿章不说话了，柳原前光忽然发现，自己太过于直奔主题了，只提出了自己的问题，却并没有跟中堂大人进行过沟通，也就是说，没有寒暄、套近乎之类的言语，这样下去，他作为大使，不过是起到了通告的作用，并没有跟中堂大人谈些什么。他话锋一转，避开这个建交不建交的沉重话题。

“前几年，小人曾去过上海，参观了大人您用西式兵法来操练的淮军，印象极为深刻，您训练出的淮军，军容整洁、军纪严谨，着实让人佩服得五体投地。”柳原前光说。看来，这个柳原前光是要套近乎了，李鸿章想。

“柳原前光先生过奖了，我不过是替大清国办事的臣子，练练兵也是分内之事，没有什么值得称道的，现在中国内忧外患，用西法操练淮军也是迫不得已。”李鸿章说。

“大人说得是，日本何尝不是这样的际遇呢？西方列强威胁我们，打开自己的大门，那些不平等条约签得也不在少数。中日两国是同病相怜啊，我们更应该携起手来，共同抵抗西方诸国。”

“我之前已经表示过态度了，柳原前光先生，携手不携手，不是我说了算，我得上报朝廷，等待朝廷的批示、准予。”李鸿章漫不经心地说。

“小人愚钝。此次我国是诚意与贵国建交。”柳原前光说完，跪拜磕头离开了。当天下午，李鸿章撰写了奏折上报了朝廷。

这次日本派人来华，看起来是为了建交，但是有着更深一层的用意，他们是借建交的契机，摸清中国到底有多少实力，并探取中方在朝鲜、台湾以及琉球问题上的态度和最后底线。

说日本与中国建交这是假，但是柳原前光所说的同病相怜倒是千真万确。同样是在利益金钱的驱使下，西方列强为了取得更多的利益，他们也踢开了日本紧闭的闸门，日本人也与西方列强签署了不平等条约。但是日本与中国不同的是，日本人知道国家让人打败了，就说明自己不如别人，那就要好好学习西方，就像当年学习中国一样，他们的态度是虔诚、严肃的。而中国人根本就是只考虑权宜之计，中国哪里有不好的地方，就“补丁”一下，总还是认为中国的一切都是最好的，不会把学习西方的东西，作为立国之本。那个时候的清政府，确实在向西方学习，但是又要保留中国统治者高昂的头颅，这种做法无异于“又当婊子，又要立块贞节牌坊”。

建立海军也是犯了同样的毛病，中国只认准国外的军舰好，就买了军舰，但是国外一套海军建设纲领、管理制度却不会采纳，还是搞自己封建的一套，这样就不能从根本上提高海防建设，只会弄巧成拙。日后，大清国的海军逐一惨败，与国人学习西方的态度是不无关系的。

这一点上，中国确实不如日本。当年外国人攻进日本的时候，日本人没有设立租界，而是让外国人与日本居民住在一起，外国人必须遵守日本的法律、法规。外国人在日本犯法了，日本就要把这个人绳之以法。日本史书上记载过这样一个小故事，很有意思，对国人也有警醒的意味。

故事是这样的：有三个西方人在日本犯法，被警察关进了大牢。三个西方人一致说，你们日本的监狱跟西方的监狱不一样，设施、待遇都不如西方，这里哪里是人能住的，又乱、又脏，跟猪窝一样。我们不能待在这样的监狱里，你们必须释放我们，否则，我们要控诉你们。日本警察并没有不耐烦，而是拷问这三个人，西方的监狱是什么样子的，有哪些设备，面积多大，还让这三个西方人画出一张画来，并标明标准是怎么样的。三个西方人按照要求画出了图样。日本警察就当场释放了他们，告诉他们回去等通知。

三年以后，日本人按照三个西方人画出的图纸，建立好了符合他们标准的监狱，然后派出警察再次逮捕三个西方人。三个西方人也无话可说，只得乖乖地按照日本人的规定来。这样看来，日本学习西方，是把学到的东西作为自己的立国之本的，这完全不同于“师夷长技以制夷”的理念，也不同于后来的戊戌变法。日本经过十年的明治维新之后，迅速进入一个文明的社会。而中国却在犹豫、磨蹭中寻找自己的出路。犹豫、磨蹭都是要花时间的，日本在这段时间里走向了富强，中国却在走下坡路。这样，差距就拉大了。

回到柳原前光的事情上来，当李鸿章的奏折送到皇宫后不久，朝中立刻引发了轩然大波，很多大臣纷纷谴责日本，反对与日本订约。他们认为订约无异于引狼入室，虽然日本这一匹狼，在那些大臣看来，不过是还没有长出厉牙的狗崽子，但是对外国的防范之心早已提到嗓子眼了。皇上端坐在龙椅上，一言不发。

李鸿章上前一步，说："臣倒是有不同的意见。"群臣安静下来，看向他。

"臣以为，应该与日本建交。"话音未落，建交的"交"字还没有吐出来，大臣们沸沸扬扬地议论开去，都在背后偷偷戳着李鸿章的脊梁。

"日本并非中国的藩属国，而且离中国很近，日后如若不能友好往来，这个国家带来的麻烦可能比那些西方列强们更大。"李鸿章提高嗓门说。

"与日本定下条约，这就是引狼入室啊，我们是有前车之鉴的呀，李中堂怎么能说出这样的话来？这不是丢一块肥肉给饿犬吗？恳请皇上三思，万万不能听取李中堂的谗言。"一位德高望重的老臣说道。

"定不定条约，其实无关紧要。我们不定条约，他们该来的时候，一样会来，要是与他们定下条约，反倒能为我所用，也能起到制约的作用。"

朝中议论纷纷，毫无平息的可能。没有人能拿定主意。这件事情一直拖到第二年夏天，另一位日本全权大臣伊达宗城，以使节身份来到中国时，才定下了中日第一个条约《中日修好条规》。

1871 年 7 月，天津格外炎热，李鸿章正以凉水洗面，脸上的凉气还没有消散光，院外的知了就像得了躁狂症一样，吱呜吱呜地喊叫起来。这烦躁凌乱的中提琴声早该关掉，用消音器吸尽了。伊达宗城这时候来见，李鸿章有些不耐烦了。虽说是公务，但是这大热天，人的脾性也好不到哪里去。

伊达宗城气势凌人，开口就提出要和西方一样，将中国利益均沾，享受列强在华的所有特权。这位使者跟前面那位柳原前光简直是冷热两重天，日本这次到底要搞哪样？先是派个会说话的，讨好大清国，然后又派来一个刺头，跟中国要好处。李鸿章并不急着跟这位来使谈判，他要想办法拔掉这根刺头。再欺负人，也不能跑到衙门口嚣张跋扈。

李鸿章派出自己的助手和秘书，这些人也不是吃闲饭的，别的没有什么本事，嘴皮上的工夫却是顶呱呱的，说白了，这帮人就是来替李鸿章吵架的。李鸿章的“吵架团队”很快消磨了来使的锐气，那么多人对这一个人，用唾沫星子也能让他洗个 37 摄氏度的温水澡。

伊达宗城争辩得口干舌燥，喉咙的声带也不怎么震动了。多高的锐气都外露不出了，这时候，李鸿章才走出来，毫不客气地说：“日本不能享受西方列强在华的特权，更不能将通商口岸延伸到中国内地。”

伊达宗城一时无言答辩，只得点头称是。这次日本来使的风波，就这样告一段落。事后，李鸿章给总理衙门的信中说：“日本贫困又贪婪，狡诈少有诚信。地理上的位置离中国很近，要是日后，让它深入中国内地，后果不堪设想。日本羽毛还没有长齐，就来中国要这要那，那还了得。这次的协议要约定两国互不侵犯、互相享受领事裁判权，通商也只限于在通商口岸。这次与中国达成的协议也是万般无奈之下才这么做的，要是日后发达了，中国需要更加提防才对”。由于两国当时的国力尚属势均力敌，这一款条约基本上算是平等的。

这件烦心事没过多久，日本又闹腾起来。这次闹腾，可不是签签条约、吵吵架那么简单，日本这次是铁了心，要动真格的了。

2. 在台湾猖獗的日本兵

海浪气势汹涌地向岸滩上袭来，潮水带来浑浊的泥沙，数千只指甲大小的小螃蟹在沙滩上掏出深深的小洞，远看上去，沙滩黄白色的侧脸上，仿佛滋生了密密麻麻的粉刺。两米外的海面上漂浮着一大块木板，木板周围悬浮跟随着无数细碎的木屑，再过来一个浪头，这些木头就能冲上岸，把伏在洞口的小螃蟹撞个八爪朝天。

木板是从一艘渔船上冲刷下来的，这条渔船不是遭受了舰船的袭击，就是遇上了罕见可怕的飓风。它正摇摇曳曳地停留在近海，没有靠岸的意思。远远望去，渔船的风帆折毁了，只剩下半截劈开冒出尖头的朽木，立在船身中央，好似一把利剑从船底刺穿船身。船舷上布满无数的裂口，裂口细长，没有炮弹打穿轰炸的痕迹，因为裂口四周是拆开的白木条，而不是烧焦的黑色焦炭。可以断定，这艘渔船，一定是遇上了飓风失去航向，被海水、海风带到了这里。

船舷上俯探出十来个人影，他们指着岸边号哭起来，五十来号人也探出脑袋，他们像热锅里下饺子一样，纷纷跳进海里，鼓足气力，游上岸。他们谁也不知道，他们上岸的地方是一个叫台湾的地方。

这六十多个人本是琉球国的人，琉球即今天的日本冲绳。古琉球国从1372年起就接受中国的册封，成为中国的藩属国。这些人上岸后欢呼雀跃，庆幸自己在海难中逃生了，但是死亡的铡刀并没有就此搬走，而是重新在他们的头颅上空再次提起，只等着重重落下、头去人亡的时刻。他们上岸不久，岸边的丛林里无端地飞出一排翠竹，翠竹是削尖的，根根扎进他们的胸口。五六个人当即毙命，其他人见状，慌忙往海上跳。又一排飞竹刺来，倒地七八人，海岸线上染成一大片一大片的鲜红色。刺进尖竹的琉球人倒在血水里，身子扑腾着海水，挣扎着，越是挣扎，心脏口的动脉流血越是汹涌，很快鲜血围绕了身体一周，他们在自己的血液里翻腾着，直至死亡。

一排灌木后面，闪现出皮肤黝黑、身上抹有花纹的当地人，他们就是台湾的土著居民高山族人。魏德圣所导演的电影《赛德克·巴莱》中生动刻画的，就是高山族人当中的赛德克族。赛德克的意思就是，真正的人。

对于外人入侵，高山族人早已有了戒备，渔船靠在近海时，他们就组织队伍隐藏起来，侦查对方的一举一动。有的渔民眼看跑不了了，拾起沙滩上的石头，准备反击，这更激起族人的愤怒，一阵殊死的打斗之后，渔民们死伤大半。

惨剧发生后，高山族人也感到了恐惧，朝廷一定会派官员来处理这件事。

出乎意料的是，高山族人没有等来清廷的人，而是来了将近三千名日本人。日本入侵台湾的时候，台湾仍然是一片偏僻荒野，要兵无兵，要防无防，三千日本人很快从台湾南部登陆入侵。

明朝时期，台湾曾一度脱离朝廷的管辖，到了康熙年间，清廷才又确立对台湾的实际控制。但是在后来的一百多年里，清廷对台湾却管理不善，没有形成有效的防务能力，也不能及时得到台湾的情报。

李鸿章坐在书房里，正在批阅公文。他接到一封短信，打开后。读到一半，一把揉掉信纸，攥紧拳头，紧紧咬住牙根。他举起毛笔摔在地上，墨迹甩了一地。他自言自语道："这帮日本人真是背信弃义，表面上恭恭敬敬，实际上性情狡诈，变化多端，与西方人完全不同。"

仆人端着热茶，看到一地墨汁，知道肯定是出了大事，便立在门口不敢进来。"傻站着干什么？还不端过来。"李鸿章说。仆人慌张地在他书桌上摆弄好杯具，斟茶倒水。李鸿章喘着粗气，坐下来，急急喝光半杯茶。仆人看到毛笔头劈出四五个叉，但是也不敢去捡，只是一会看总督大人，一会看毛笔，等大人脸色稍微好看一些，他才能低头捡毛笔。不想，李鸿章刚饮完一杯茶，就站起来，走到书桌正前方，捡起毛笔，放在砚台上侍弄好了笔尖。他重新摊开一张宣纸，给同僚写信："台湾生番一案，很是离奇。日本人军队不怎么样，但是考虑得特别深远，看来这个日本不防是不行的。"李鸿章从心眼里是瞧不起日本的，他继续写道，"日本之所以现在那么猖狂，不过是拾人牙慧，学习了西方的枪炮，自己还开铁路、办了煤矿，能说说洋语，制造洋银罢了，其他也没有什么能耐。"

就在李鸿章正憋住愤怒，给同僚写信的时候，日本使节来到了北京，跟总理衙门谈起条件来。总理衙门的最高领导人恭亲王奕䜣责问日本来使，"琉球本来是我大清国的藩属国，台湾居民杀死琉球的渔民，不知道这件事情跟贵国有什么关系？"

"不管琉球属于哪里，你们台湾的土著杀了人，你们大清皇帝管还是不管？"使者句句逼人。

"我大清自有我大清国的规矩，台湾土著在我们这里分为两种，一种叫熟番，一种叫生番，熟番归我们管，生番没有归化于我，生番有事，我们想管也不好管。”奕䜣义正辞严地说。

在中国历史上，封建统治集团把四周未开化、半开化地区称为“化外之地”，当地的居民也被称为“番”，对农业社会形成后的当地台湾居民称呼有两种，住在山中的叫“生番”或“野番”；住在平地的叫“熟番”或“土番”。这下，日本来使抓住了把柄。

“生番有事，你们不管，我们管。”说罢，扬长而去。

国土受人蹂躏，这一仗是不打不行了。福建船政大臣沈葆桢临危受命，作为钦差大臣率领清军赶赴台湾，同高山族人民一道，英勇抗敌。

沈葆桢字幼丹，又字翰宇，汉族，祖籍是现在的福州。如果这个人读者不熟悉的话，但提到另外一个人，肯定全都知道。这个人就是大名鼎鼎的虎门销烟的英雄林则徐。说得简单点，沈葆桢就是林则徐的女婿。1861 年，曾国藩请沈葆桢赴安庆大营，委以重用。1874 年，沈葆桢受命赴台抗击日本侵略者。

李鸿章得到消息后，当即传下令去，麾下淮军披星戴月赶赴台湾增援。仔细想想，日本当时国力有限，并没有吞并台湾的实力。再者说，那些高山族人个个生猛威武，前文提到的，把削尖的翠竹当作武器，可不是闹着玩的。很快，日本就招架不住了，所有战争的结果都是回到谈判桌上。这次也不例外。

这一次谈判，李鸿章再次见到了外表谦卑、谨慎的柳原前光。李鸿章怒不可遏，真想冲上去扇他两巴掌。李鸿章最先开了口。

“请问柳原前光先生，你们日本是不是有两个国家？”柳原前光一时不知其意。“你们一个日本国叫人来跟我大清国通好，一个日本国却在背后发兵，侵占我国国土。”李鸿章不想再打两个日本国的比喻了，直接说道：“你们日本还真会办事，嘴上说和好，手里却攥着刀子呢。这种事，也就只有你们日本人能办得出来。”

柳原前光自知理亏，支支吾吾躲闪半天，终于想到“生番”事情，赶忙抓住这根救命稻草。“中国皇帝不惩办杀人的生番，那么台湾的生番之地，是不属于中国管辖的。日本出兵生番之地，也是理所当然的。”

“中国不惩办？谁说不惩办，查出元凶、处死杀手有难易迟早之分，我现在不办，不代表以后不办，你哪只耳朵里听说我不办了？办不办是大清国事，跟你们日本人有什么关系？”李鸿章指着柳原前光继续说，“而且，生番所杀的，是琉球人，不是日本人，跟你们日本没有半两银子的关系。”李鸿章又补充道：“这整个事件，跟你们日本人有狗屁关系。”

谈判结束后，李鸿章再次给总理衙门写信，详细描述了会谈时候的情景："我前去和谈的时候，遇到了之前的大使，我深知他们的小伎俩，又厌恶他们诡异的行为，我只好对他们嬉笑怒骂，严厉指责了一番。"

事情并没有就此解决，洋人又站出来了，洋人，又是洋人。其实日本出兵台湾，也是有洋人在后面撑腰。在洋人的调节之下，总理衙门与日本达成协议，结果竟然是中国拿出五十万两白银，来息事宁人。整件事，到最后谁说了算？不是中国人，也不是日本人，而是洋人。洋人出面了，清政府只好白白拿出五十万两白银。中国和日本打来打去，最后还是洋人捞了好处。

中国在军事上压倒了日本，也成功赶走了侵略者，但是却做出很大程度的妥协，究其原因，大概可以这样分析一下：

第一，清政府对台湾缺乏管理，甚至没有用心经营过这块宝岛，致使台湾一直都是荒蛮的，清政府前去台湾打仗，多少有点力不从心；第二，刚消灭太平军、捻军，还没有喘过一口气，日本就来了。此时国力衰竭，元气还没有恢复，不到万不得已，也不愿出兵打仗，打仗打的不仅是将领、士兵、武器，更是大笔的钱。要是能赔点钱而不打仗，才是清政府最情愿的；第三，此时新疆地区正在经历一场危机。新疆告急，亚浩罕国人阿古柏控制了新疆北部，俄国也趁机强行占领了新疆伊犁。再与日本纠缠下去，非拖垮大清国不可；第四，大清国在海防方面是一片空白。没有海防，根本打不赢日本。

如果大清国继续派兵去台湾，需要船只运输，战舰保卫，数以万计的清军要吃饭、要衣服穿，枪支弹药的供应更是不能少，必须要有一只庞大的船队在海上穿梭，从而保证清军的后勤供应。但是大清国手里没有战舰，粮饷也不充足。而此时，日本国内就有新式陆军三万，炮船十余艘，其中就有扶桑、比睿、金刚三艘从英国买来的战舰。要是日本死不退兵，大清国一点办法也没有。没有海防、没有海军，这怎么得了？

这一时节，中国正处于遭人拐卖，还要替人数钱的尴尬境地。时人评论说：中国心甘情愿地对自己所受的侵略付账，这似乎不是在抵御外侵，而是邀请进一步的侵略。这一荒谬的逻辑可以归纳为：你来打我吧，我给你银子。这就好比洋人开出的发票，要到中国来报销，日本就是手拿发票的人。

3. 洋务派 vs 保守派

瓷白色的月牙镶嵌在昏蓝色苍穹的帷幕下摆，三更过去了，小奴才捧着一封紧急的信笺跑到李鸿章就寝的厢房。他站在门前犹豫半晌没敢敲门，但一想到送信过来的差使的嘱咐和焦急的面容，便狠下心把门敲响。门开了，李鸿章满脸怒色。前段时间，他忙于写《筹议海防折》的奏折，足足写了上万字，白日又在朝中为办海防的事情与众大臣争论不休，他身心疲惫，现在正是需要休息的时候。

《筹议海防折》日后成为建设北洋水师纲领性的文件。在这份奏折中，李鸿章详尽分析了大清国面临的国际形势，尤其对日本进行了深入分析，认为现在的反侵略斗争不再像过去那样，现在既要抵御陆地侵略，更要集中精力抵御海上的侵略。因为其他国家进犯中国更可能从大海上航行而来，而不是步行、骑马。只有建设海军和现代海防，才能保全中国。而现代海军、海防的建设需要大量资金，李鸿章在此折中，提出创办民用企业的主张。奏折中进一步提出建立海军、操办洋务遇到的各种问题，其中包括人才稀少、经费不足、积习难改、运用古法不知变通等。后面的一部分并入了丁日昌具体的应该办理的事宜：练兵、选用精良的武器、造军舰、拨款发粮、提拔人才等。

小奴才暗想，要是这封信不是头等大事，自己的脑袋恐怕难保了。

“什么事？这么晚了。”李鸿章说。

“小人该死，信使说是紧急的事，务必现在就看。”小奴才呈上一封薄薄的信纸。李鸿章没好气地拆开一看，顿时大惊失色，身体恍恍惚惚地倒坐在厢房内的高凳上，嘴里喃喃说道：吾皇，驾崩了。

他连夜赶到紫禁城，紫禁城内宫女、太监都身着孝服，宫门上的对联也换成了白纸黑字。朝中文武百官大部分都到齐了，各位大臣相继对着同治皇帝的棺木行三拜九叩大礼。这时，有宫女过来传唤诸位大臣议事。大臣们匆忙赶往丽景轩，慈禧穿着孝服坐在大厅里，群臣分列两排站立左右。

“大清国国力衰竭，长毛还没剿灭，英国人、法国人就来烧我圆明园，那些洋人正虎视眈眈盯着我们，要从我们身上撕下一块块血肉。如今这一大劫，更是雪上加霜啊。”慈禧说。

“太后息怒，切勿伤感。”有大臣劝道。这时血气方刚、恃才傲物的左宗棠走上前来说：“太后，亚浩罕国人阿古柏控制我大清新疆北部，俄国人也趁机来犯，强占新疆伊犁，当务之急，就是要火速平定西北，收复失土。”

李鸿章心里清楚，大清国自从鸦片战争以来，国库日渐空虚，而收复失地，就是要去打仗，打仗就要花大笔的钱，那么他建立海防的计划必然化为泡影。

“太后，臣以为北京距海岸近，新疆距京师较远，与其花费军费投入西北战争，倒不如加紧建立海军。朝廷现在没钱，更应该用在刀刃上，对阿古柏可以采取安抚怀柔之策。”李鸿章说。群臣议论纷纷，有人在私底下指责李鸿章大逆不道，国土有失，怎么能坐视不管？

“哀家读过你的奏折，丁日昌的也读了，建立海防的想法确实有利我大清江山社稷。”

“太后，新疆有失，蒙古保不住，京师必将受到威胁，到那时，再强大的海军也于事无补。”左宗棠激愤地说。群臣纷纷点头，在陆地上打仗是世世代代流传下来的传统，传统不能抛弃，整海军这样的新玩意究竟有何用处？这些话李鸿章是清楚听进了耳朵里。

“朝廷财政有限，跑去新疆打仗，几乎没有胜算，这样打下去，只是浪费钱财。”李鸿章说。

“大清东南还没有构成威胁，西北已经侵略不断，列祖列宗百战之地不能放弃啊，太后。”一位老臣哭丧着酒糟鼻子反驳道，“这个李鸿章一味地强调要建立海军，大清国历史上哪有把海军当回事的，又是军舰、又是炮艇的，竟鼓弄这些个新玩意，我看你李鸿章就是受到洋人的蛊惑了，鬼迷心窍了。”

“大人这样说就不对了，李某人主张的不过是缓期收复西北，并不是真正的放弃，而是储存实力，待时机成熟，必定收复失地。至于海防一直也是太后有所支持同意的，您这么说话，岂不是说太后没有明断。”李鸿章望着老臣说。

“太后，微臣绝非此意，绝非此意啊，我对太后的忠诚天地可鉴，这个李鸿章血口喷人，这是要诬陷老臣，他仗着自己有了军权就无视朝中重臣。太后明鉴。”

“起来吧，朝堂之上，休要争吵，左宗棠，你看，还有什么想法都告诉哀家吧。”慈禧不紧不慢地说。

“事事都有主次之分，若是在太平盛世，臣也不会争取拨款去收复西北，那时，李大人大可放心地去办他的海军。但是危急关头，狼虎之师早已盘踞新疆、窥视着紫禁城了。这个时候再把大清国的精力放到海军方面，臣以为不妥。”左宗棠分析得在理。

“太后，新疆一战，胜负难定，若是真的打不赢，岂不是浪费大量物资、军款。过去，不知遇到过多少次这样的状况，安抚拖延，也就过去了。左大人说的只有在太平盛世才能办海军，这话就不对了，大清国什么时候能太平呢？洋人们多少次从海上打进来，大家都是有目共睹的，我们大清国哪一次不是割地赔款，要是尽早建立海防，这些割地赔款的钱足够左大人去收复新疆了。”李鸿章据理力争。

“这个节骨眼上去办海军，拨款了，等到办好了，也得个一年半载，而现在新疆有事，微臣即日便可带兵出发，收复失地。”众大臣连连称道，都在夸赞左宗棠大义凛然的非凡气度。

慈禧摩挲着手指上的玉环，似乎很难拿定主意。众臣的口风明显偏向左宗棠，但是海防又不能不搞。可要是执意搞海防，必然引起众臣不满，你一个李鸿章如何跟满朝文武周旋呢？左宗棠见太后左右为难无法拿定主意，又继续辩驳道：“如果收回军队，不发粮饷，我大清国退后一寸土地，敌方要犯我一尺，要是像这样纵容敌寇，我大清江山不知要被他们蚕食多少土地。太后，海防固然有好处，但是当务之急是收复失地，不能丢了列祖列宗的老脸，不能因小失大啊。”

众臣连连点头默许，他们从心底上认为，新式海军根本不能与正规的陆地军队相媲美，陆地军队收复的是失土，而海军防守的不过是一片大水洼。谁也不会把大水洼当成国土来看待。李鸿章见大臣们因循守旧，无法估量海军的强大作用，非要舰船上的火炮打进紫禁城，这帮老腐朽才会醒悟过来。他瞧了一眼左宗棠，跪在慈禧面前疾呼道：“太后，失去新疆顶多算是失地，但是丢掉了海防，那就等于亡国啊，恳请太后明鉴。”

众臣沉默了，客观看来，左宗棠的理论清晰而现实，相比之下，李鸿章的主张略显含糊。他没有明确地指出，或者他本人根本没有意识到，一个国家建立强大的海军，绝不仅仅只为了海防，整个海军舰船的建设，可以拉动一个国家从农业国走向现代，会带来国家根本的变革。他没有意识到这一点，大清国的各位官僚也没有意识到。而这一点恰恰是建立海军、建设海防最重要的一点。当时的日本就察觉到了。这也逐步成为中日两国海军建设的分水岭。

时隔半年，光绪帝已经继位。朝廷最终给出了决定。这个决定来之不易，争辩了整整六个月。结果很简单，就是把钱一分为二，自己去办自己的事，看谁办得最有成效。

左宗棠顺利收复了失地，而李鸿章想要建立“北洋、东洋、南洋”三支舰队的梦想破灭了。清政府的财政果真到了捉襟见肘的程度，几乎有点拆了东墙补西墙的意味了。清廷让李鸿章和办理台湾海防有功的沈葆桢分别建立北洋、南洋两支海防军队，但是拨下来的钱完全不够。

正当李鸿章为此事发愁，在屋里前后踱步之时，仆人来报，沈葆桢求见。李鸿章出门迎他进来，吩咐仆人泡上上好的龙井端上来。两人寒暄一阵，便在桌边坐定了，仆人端上了茶水。沈葆桢因路上匆忙，顿觉口渴难耐，连连呡下两口，便直奔主题。

“大人，你也知晓，朝廷拨下来的款子不够，我就是为这事来的。”

“我也正为这事发愁呢，拨款不够，南洋建不成、北洋也建不成，谈到头来，不过是口头上默认罢了，这根本建不成舰队。”

“大人莫急，我有办法。”沈葆桢说。

“有什么良策？”李鸿章来不及喝一口水问道。

“把南洋每年200万两的经费让你北洋，先建北洋。”沈葆桢说。

“这……”李鸿章一时说不出话来，他默默看着龙井茶叶在瓷杯里漂浮、沉寂。

“大人不要有什么顾虑，想当年台湾事变之时，要不是大人麾下的淮军披星戴月渡过海峡协助我军迎敌，不会有我沈某人的今天，我是个重恩情的人，若是大人您不接受，那就是瞧不起我。”沈葆桢说完话，一口气喝完杯中的茶水，嘴唇上还衔着两片龙井叶，也一并咽了下去。

“这么重大的决定且容我思量几日，我自会给你回复。”李鸿章说。

“大人就不要犹豫不决了，我现在就赶去总理衙门，说清楚这件事。”说完，沈葆桢起身要走，李鸿章赶忙相送，行至路口，对沈葆桢深深鞠了一躬。

就这样，北洋水师就红红火火地办起来了。

可是细想起来，建立的海军明明是大清国的海军，海防也是大清国的海防。现在却只剩下北洋水师了，而北洋水师又成了李鸿章的水师，创办近代海军的责任全部落在他一个人的头上。可以这样说，大清国的海军就成了李鸿章一个人的海军。李鸿章深知，清朝官场办事效率极低、拖拉扯皮，而且创建海军是地方自主在办，朝廷只是默许，以他地方大员的身份，很难号令和协调各方。

北洋水师似乎迎来的不是曙光，而是岌岌可危的命运……

4. 买船的风波

“……查明一种快艇的吨位和造价，它的前甲板防护平台上要装载一门八十吨大炮，可在五百码外打穿二十英寸厚的钢板。问清最低吨位和优质船的最低价格。速复！询问保密！勿提中国！……”1874 年 10 月 23 日，一份电报从上海发到了英国伦敦一个名叫金登干的人手里。这封电报出自中国海关总税务司赫德之手。税务司怎么会打听起军舰的事情呢？原来是这么回事。

四百万两经费有了着落，李鸿章决定请示总理衙门，向国外购买军舰。这次购买军舰与第一次购买目的是不同的，第一次是为了抵抗江里的太平军，而这一次，主旨明确，那就是巩固海防，抵御外侮。

虽然清政府已在上海、福建等地花费巨资，自己造军舰，但是成效甚微，中国的海防实力并不见有多少起色，要是直接购买，反倒省时省力。

三月份，正是万物复苏、花草抽穗的时节。赫德专程跑到天津面见李鸿章。赫德敏锐地觉察到，中国有明显的扩充海军的迹象，这位久居中国、深谙官场之道的英国人，深知这将是影响、控制未来海军的重要契机，过了这个村，就没有这个店了。但是赫德，本人实际对海军也只是略知一二。赫德发去电报就是为了商讨如何推销军舰的事宜。

当时李鸿章急切想获取的，是威力巨大的头等铁甲舰。但这种军舰造价过高，不是一般国家能买得起的，清政府国库捉襟见肘。拨下来四百万两银子恐怕连半个头等铁甲舰都买不起。况且，军舰越是高端，操舰的工作人员素质、技术要求越高。这样的人才到哪里找去？

赫德发出电报时，深知当时中国财政相当糟糕，要是推销大型铁甲舰，中国压根没有能力购买，倒不如推销价格低廉的小军舰。最后他和金登干一同把目光锁定在当时世界上最新潮的小军舰上，这种军舰价格低，据称能打败大型铁甲舰。推销的专业语言就是：性价比高。

这种“性价比高”的小型炮艇，于1867年12月在地球另一面的英国泰恩河上诞生。炮艇艇长22.86米，宽7.62米，吃水1.98米，装备2台蒸汽机、2座锅炉，功率134匹马力，航速7.5节。这艘小炮艇没有在船两边布置大炮，而是在船头安装了一门9英寸口径的前膛巨炮。这种炮艇叫做“师丹”炮船，又叫“蚊子”船，是阿姆斯特朗公司建造的、排水量仅有200吨。

这门巨炮的炮身安装在一套地井式炮架上，整个系统异常复杂，平时火炮底座在船体里，以防重心过高，保持军舰的稳性。一旦进入战斗状态，液压系统开始运转，在4—6分钟内将火炮举升到甲板上，开始发射。每发射一发之后，火炮在自身巨大的后坐力推动下，再缓缓降到甲板下，进行下一次射击的装填工作，但火炮发射前必须下锚，否则谁也无法预料巨大的后坐力会对这艘小船产生怎样的影响。

除去独特的船头大炮布置方法，它的外形也颇具特色。军舰舰艏有一段锚甲板，龟甲样式，破浪效果较好。锚甲板后面的主甲板部分，四面立有围壁，围壁是用来保护舰员的。

军舰的主炮炮管，通过围壁中间的开口，向外伸出。美中不足的是，开口横向空隙很小，主炮不能左右转动，必须转动整条军舰才能瞄准方向，进行射击。为此，设计者将这艘小军舰，设计得极为灵便，转舵速度比一般军舰要快得多，抽一根烟的功夫，也就不到三分钟，便可以旋转一圈。在接近主甲板中部的位置上，矗立着高高的烟囱。

让人惊讶的是，这种炮船竟然连一根桅杆都没有，而且船上只有舰长室，没有为舰员留出任何居住空间。换句话说，这些设计，不光是无法远距离航行，甚至连悬挂航海信号旗都成问题。说白了，这种小型军舰根本就不能用来出海作战。

值得今天重新审视的是，尽管赫德、金登干为推销军舰不遗余力，大肆宣传，但应当注意到，赫德对“蚊子”船的用途还是相当明白的，称这种船是在浅水区对付铁甲舰的利器。

1875 年春天，经过向阿姆斯特朗公司的咨询、报价，赫德向总理衙门提出了舰型方案，总理衙门把事情推给了李鸿章。

一见到李鸿章，赫德便掏出一大沓图纸，放在桌子上，“中堂大人，我听说朝廷正要建立新式海军，这些舰船的草图，大人您应该会感兴趣吧。”

“什么样的舰船？”李鸿章问。

“这是现在世界上最流行的舰船，体型小，价格低。大人，您还是先看看图纸吧。”赫德说着，摊开卷轴，李鸿章凑过去，这些炮船模样古怪，又短又宽，压根不是李鸿章印象中的舰船。

“这是一种什么样的舰船？”李鸿章问。

“这种舰船叫做‘根驳炮舰’每艘舰船上都装有一门八十吨重的大炮，不管对方战舰的铁甲有多厚，一炮必定击穿。”

“有那么厉害？”李鸿章并不相信赫德的话，他皱着眉头一张一张细看图样。

“我可没有半点吹嘘，这种舰船虽然体型小，但是特别灵活，转舵一周只需要不到三分钟。要是买上这样一批舰船，我们大清国就可以与各国的铁甲战舰在海上正面作战了。”赫德说。

“有这样的巨炮小船，守住海口是最为有力的，跟陆地上的炮台比起来，也更为灵活。”李鸿章说着，眼睛却始终没有离开炮舰甲板上那门黑洞洞的巨炮。

“这门巨炮的口径是多少？”李鸿章忽然问，他知道洋人在谈到火炮时候，通常说起口径，而不是炮全身的重量。赫德犹豫了片刻，一时答不出来，他清清嗓子说道，“大概有十六寸。

十六寸应该是世界上最大的尺寸了。”

李鸿章嘴里默念着，世界上最新式的、口径最大。他怀疑赫德的话，是否是真实的。赫德感到自己说话说出了破绽，故作镇定，再次从怀里掏出一沓图纸，也全都是根驳炮舰，种类却有不同，有四百四十吨的、三百二十吨的，还有二百六十吨的，赫德依次排在桌子上，供李鸿章一一查阅。

看来，这个赫德是准备了两份图纸，要是李鸿章不打破砂锅问到底，还要买先前推销的那一款。那一款不用说肯定不如现在这三种。

“大人，有什么高见吗？”赫德问。

“这样吧，这些图样先放在这里吧，我再琢磨琢磨。回头，我想好了，会派人找你。”李鸿章说。

赫德并不想就这样无功而返，之前，他已经到总理衙门跑了一趟腿了，他给恭亲王兜售这些战舰，但是恭亲王对舰船的事一窍不通，只好推脱开去，让赫德直接去找李鸿章。这次买卖做得不顺利，赫德也憋屈得慌，但是总督大人说了，回去等回复，他也只好先行告辞。

赫德走后，李鸿章没有抱着图纸继续研究，而是立刻四处咨询关于这些军舰的情况，并且私下找到法国公使，直接获取国外市场行情，以做参照对比。在到处奔走过程中，李鸿章渐渐明白，“根驳炮舰”事实上只能算得上一种小炮艇，但是因为船上安了一门巨型火炮，也叫做“蚊子船”，舰船体型小、那长长的火炮又像蚊子的长嘴，所以得到这样的名字。这种舰船的全部威力都倚仗甲板上的巨炮。但是由于船小、炮大，速度又慢，至多只有九海里，只能在近海作战，最好的战法是停在海口浅水处。这种炮船不适合进攻，只适合防守。作用大体跟炮楼上的一排大炮差不多，因此也叫水炮台。

李鸿章自己简单分析了一下，中国海岸线非常漫长，而且海防极其薄弱，大清国目前的海军还谈不上侵犯别人，能自保已经算是不错的了，要是能买上一批，在沿岸布置上，大清国的海防一定能提高一大截。经过精细计算之后，李鸿章汇报总理衙门，提议订购装备十二寸半的火炮和十一寸火炮的蚊子船各两艘，同时约定，在得到西方十六寸巨炮使用可靠消息的前提下，可以考虑再订购一艘装备十六寸火炮的蚊子船。

为防止阿思本舰队事件重演，这回李鸿章留了一个心眼，1875 年 4 月，李鸿章在与赫德签订合同的时候，仔细审阅了向阿姆斯特朗公司购买 4 艘军舰的章程。

章程上，不仅用大量文字规定了军舰的型号、质量、验收条款，而且郑重申明，驾驶军舰来中国的英国水手，交接完毕后，必须立刻离开中国。

根据章程，装备11寸火炮的蚊子船造价23 000英镑，装备12寸火炮的蚊子船造价33 400英镑，分别合中国银76 659两和111 322两，外加运费65 940两，总计预算45万两白银。按照阿姆斯特朗公司的惯例，合同签订后先付1/3，军舰造成一半后再付1/3，完成后付剩余部分。

由恭亲王奏请，清政府决定购买这4艘军舰，购舰经费从江汉、九江、江海、浙海、粤海5口的海关关税内提取。

很快，4艘新潮军舰在英国的船台上陆续开工了，金登干为方便起见，用希腊文字母分别将它们命名为“阿尔法”、“贝塔”、“伽马”、“戴而塔”。

四艘新军舰的建造过程非常顺利，“阿尔法”、“伽马”按照英国海军部的规定，主炮在船上分别用实弹和教练弹鸣放4次，军舰试航后航速达到9节，符合合同要求，英国海军部立刻出具证明书，2艘军舰试航成功。

6月24日，“阿尔法”、“伽马”踏上返回中国的航程。此后经过漫长的航行，虽然中途遇到风暴袭击，但一切有惊无险，于11月20日抵达天津，李鸿章与赫德兴致勃勃前往海边验收，并把两艘舰船更名为“龙骧”、“虎威”。

“龙骧”、“虎威”回国不久，1877年2月17日，“伽马”、“戴而塔”号也踏上回国的航程。站在飞桥上指挥若定的琅威理，脑海里还在思念热恋中的女友。但从这次航程开始，这个英国人与中国的海军就结下了深深的缘分。两艘舰船回国后，李鸿章随即把它们命名为“飞霆”、“策电”。

4艘新式军舰的成功回国，立刻在国内引起轰动，一时间，从南到北，中国沿海兴起了一股沸沸扬扬的蚊子船热。在朝廷和地方官员的强烈热拥下，李鸿章继续订购了四艘蚊子船。

1879年7月30日，由琅威理率领，4艘“埃普西隆”级蚊子船启航回国。清政府最初做出这次增购蚊子船的决策，主要是考虑到南洋大臣提出的加强南洋海防的请求，而原先购买的“龙骧”、“飞霆”等4艘军舰数量太少，不够分拨。因而，“埃普西隆”级蚊子船的订购，虽然经李鸿章之手操办，南洋大臣沈葆桢仍认为这些军舰将来非南洋莫属，当新式蚊子船到达中国领海后，沈葆桢亲自为四艘军舰命名为“镇北”、“镇南”、“镇西”、“镇东”。

出乎沈葆桢预料的是，早在订立购舰合同时，李鸿章就意味深长地强调4艘新军舰必须抵达天津大沽，由他自己验收交货。

当年 11 月 19 日，李鸿章亲自前往大沽检阅 4 艘新舰，颇为满意。不出所料，随后不久，李鸿章就以当年沈葆桢曾请求分拨“龙骧”、“飞霆”为由，将这 4 艘较早购买的蚊子船调归南洋，而新购的 4 艘“镇”字舰则留在北洋使用，大玩汰旧换新的手段，大为失望的沈葆桢无奈之下被迫接受了这个既成事实，但南北洋之间的矛盾也由此越积越深。

随后，清政府陆续买了多艘舰船，这些舰船都划归北洋水师。由此，大清国的海防队伍中，共出现了 15 艘蚊子船。

军舰买回来了，谁来操控、指挥、驾驶呢？这么多艘庞然大物，中国人还是头一回见到。李鸿章这才意识到，有了设备，没有人才也是不顶用的。没有海军人才，花再多的钱、买再多的战舰也是白搭。当务之急，就是要培养一批真正的海军人才。但是大清国又没有与海军人才有关的学堂。正当李鸿章两难之际，“马嘉理事件”的发生让李鸿章看到新的转机。

1874 年，英国驻华使馆职员马嘉理，奉公使威妥玛之命，从北京去缅甸接应探险队，这支探险队有 200 多人。可是第二年，马嘉理和探路队没有事先通知地方官，就擅自闯入云南，并且开枪杀死了当地山民，群众义愤填膺，将马嘉理及几名随行的中国人统统打死，并把探路队赶回缅甸，“马嘉理事件”爆发了。朝廷命令李鸿章、丁日昌妥善办理此事。

1876年夏天，李鸿章来到烟台，与英国人谈判。烟台海边气温灼人，海岸上的沙堤积攒了高温，脚踩上去，滚烫万分。扑上岸的海水也是温温的，渔民们跳进海里，不觉得是在游泳，而是在泡澡。从水里爬出来光屁股的小孩，蹲在岸边，不到两分钟，脊背上留下一层白色，那是海水蒸发后，留下的盐分。

碧海蓝天之间，停泊着很多艘军舰，其中有德国的、英国的、法国的。它们正稳当当地蹲伏着，接受烈日的煎烤。桅杆顶的国旗也像一块块旧手帕一样，耷拉下来，没有一点生气。李鸿章在烟台签订了中英《烟台条约》。

签完条约后，李鸿章应邀，登上英国的军舰进行参观。李鸿章站在甲板上，看到船舷旁边有一排亚洲人，他们分明不是英国人的那种白脸、大鼻子、高个头。他询问英国人，这些是什么人。英国人说，那一排都是日本青年，他们正在接受训练。英国舰船上竟然有日本人训练。李鸿章为之一振，既然日本人可以到英国舰船上接受训练，那么中国的青年是不是也能到外国的舰船上去学习、训练呢？这样一来，要培养大清国的海军人才，岂不是一件特别容易方便的事情？

此前，虽然也兴师动众派出多名留美幼童，但是他们学的毕竟不是海军专业，等他们学成归来了，也不一定能为海防事业做多大贡献。

回到府邸后，李鸿章召集自己的幕僚，详细商量了派遣留学生，前往欧洲学习海军的计划。最后确定了 30 个名额，留学时间比较短，只有三年，预算经费 30 万两白银。这三十名学生中，14 名学制造、12 名学驾驶、4 名学船只工艺。

其实，放眼看去，当时的日本跟中国是类似的，他们也是在欧洲买的舰船，然后去欧洲接受西洋海军教育，回来发展自己的海军事业。

第二年，一艘轮船抵达法国马赛港，船上载着中国第一批海军留学生。14 名学习制造的人员留了下来，其余 16 人改乘火车，北上，往英国进发。

大清经驻英公使郭嵩焘接待了他们，经过周详的安排，驾驶班学生刘步蟾、林泰曾、姜超英分别被派到英国地中海舰队“马那杜”号、“孛来克柏林”号、“狄芬士”号铁甲舰进行实习。剩下来的人都要参加格林尼茨皇家海军学院的入学考试。

这一批人才，真正引领了中国海军整整一个时代。眼看着，海军初具雏形了，李鸿章心情复杂。他站在海岸边，海浪拍打着他的官靴，他的心情又沉重起来，他知道，重大的考验还在后头。这个时候，他还不知道，一场异常悲壮的惨剧即将发生，他一手缔造的舰队将面临灭顶之灾，而他李鸿章，已经没有了回头路。

5. 归来的海军英才

1881 年 7 月 23 日，留学总监容闳在旧金山走到一家报亭，买了一份当天的《纽约时报》，他在报纸上寻找到一篇社论，这篇社论与他紧密相关。他匆匆翻了几页就找到了，社论这样写道：

“不可思议的是，政府认为这些学生花的是政府的钱，就应该只学习工程，数学和其他自然科学，对他们周围的政治和社会影响要无动于衷。这种想法是非常荒唐可笑的。

这些孩子已经学会了电报技术，而眼下中国政府还不准许在天朝圣国的土地上建设哪怕是一英里的电线。他们已经学会了铁路建设知识，而大清国刚刚拆除了国内唯一一条铁路线。他们深知公民的自由意味着什么，而他们要把这些危险的学问念头带回一个不负责任的独裁政府那里。这个政权如此的复杂神秘，以至于他大多数高贵的臣民根本不知道这个政权的准确的位置在什么地方。

中国不可能只从我们这里引进知识、科学和工业资源模式而不引进那些带有病毒性质的政治上的改革。否则，他们将什么也得不到。”

容闳一字一字阅读这篇社论，胸口涌上一阵酸楚，但是大势已去，仅凭他容闳一人之力，是不可能力挽狂澜的。

这些留美幼童原本计划在美国学习 15 年时间，但是不到 10 年，事情就发生变化了。负责监护留美幼童的大清驻美公使陈兰彬，察觉到这些留美幼童西化作风日益严重。这些孩子到了美国，热衷体育，不务正业。他觉得，如果这些孩子都西化了，受到美国的影响过大，他们回国后，可能不会效忠于清政府，很可能对皇帝的统治产生威胁。

更大逆不道的是，他们竟然剪掉了后脑勺的辫子。在大清国，剪辫子是杀头的大罪。这是欺师灭祖的行径。从发型帅不帅气的角度去考虑，也许当时中国人剃光一半头发、脑袋上吊着长辫子，这可能是全世界最难看、最不可思议的头型。每日清洗、梳理就要花掉大把时间。中国人在国外，这条辫子总是成为外国人的笑柄，再说，山高皇帝远，他们远在美国，没有辫子，也没人找他们的麻烦。剪辫子的事情，在当时不仅当成一种行为，更是一种意识形态。后来，中西交流日益频繁。有的人剪掉了辫子，但是内心还是留有一根更加沉重、冗长的臭辫子。

“孩子们从事一些体育运动，有什么好奇怪的呢？”容闳诘问他。

“这些孩子不务正业，终日游戏，哪有工夫埋头学习？”陈兰彬说。

“中国的官员，长久地处在专制压力之下，毕生的见闻，没有任何自由的精神，没有任何活泼的思想。难道这不是国内教育引发的弊端吗？这些孩子在美国学习自由的精神，日后带回中国，这不是有百利而无一害的事情吗？”

“这些孩子剪了辫子，辫子啊，这条辫子是能随便剪的吗？辫子都剪了，你还指望他们怎么报效我大清国？而且，教育有不同的教育之法，洋人有洋人的一套，中国有中国的一套，为什么容先生非要认为，洋人的教育就一定比我大清国的科举更好呢？”

容闳毕竟在国外留过学，思维也更开放一些。但是与陈兰彬这样争吵下去，也不是什么办法。

这时在大清国内，李鸿章也在犯愁。一方面，他不断收到那些保守官员打回的报告，说这些留学生都西化了，生活方式也都变了。本来每天都要拜孔子，拜皇帝，现在都不拜了。而且美国政府没有像当初许诺的那样，在中学毕业后，把他们送进军校学习，而是去了耶鲁大学等综合高校。如果这些孩子们没有被培养成朝廷所需要的军事人才，李鸿章是无法跟朝廷交代的。这些学生送到国外目的非常明确，那就是学成后为他所用，回来之后就能投身建设。另一方面，李鸿章没有收到容闳一封来信，他得到的信息大多是片面、保守的。容闳这个人不像其他官员那样谙熟官场游戏规则，他从没有给李鸿章写过信，李鸿章更不会知道，他反对那些保守官员的想法和做法。

其实，李鸿章并不想中断留学计划。如果中断留学计划，太不给美国政府面子了，人家好不容易培养这些人才，大清国说召回，就召回了。而且，钱都给了，数十万两银子呢也不是小数，留学生召回了，哪有把钱要回来的道理？之前的种种努力不就付诸东流了吗？

而当时的清政府，态度也是坚决的，大清国总不能花那么多银子，培养一批假洋人。李鸿章再不愿意，也拗不过清廷的统治者。于是 1881 年 6 月，官方文件正式下达，朝廷下旨撤回留美幼童。中国第一次留学生计划就此中断了。

通告已经发出，旧金山码头上，准备回国的轮船已经停靠在港口，但是这并没有影响“留美幼童”们要在离开美国之前，进行他们最后一次出彩的比赛。这是一场特殊的比赛。对阵的一方是旧金山当地有名的职业棒球队奥克兰队，另一方，是由中国“留美幼童”（已经不是幼童了）组成的“中华棒球队”。

比赛的消息很快在华人中传开。这些华人正经历着旧金山排华势力的打压，听说东方人的棒球队要与奥克兰队比赛，他们彻夜兴奋。比赛进行当天，许多家庭全家出动，有些人还叫上了家里的老人。大清国驻旧金山领事馆的官员也来了。他们高兴地坐在旧金山市棒球场的观众席上。

球赛开始了，每队九名球员，头戴棒球帽，脚踏棒球鞋，俨然一个专业的棒球选手。奥克兰队穿黑色球服，东方人队穿蓝色球服。两队共同走到场地中央，握手致意。四名裁判员是奥克兰队请来的，一人为主裁判，又称司球裁判，另外三人为司垒裁判。

第一场：中华棒球队作为防守队，奥克兰队为进攻队。主裁判一声哨响，奥克兰队首先开球，中华棒球队员梁敦彦为投手，詹天佑为接手，蔡绍基为1垒手，黄开甲为2垒手，陈钜溶为3垒手，钟俊成为游击手，吴仲贤为左外场手，李桂攀为中外场手，邝泳钟为右外场手。大家迅速在球场上跑动，接过对方击过来的球，接球、传球、投球、触杀、封杀、追杀，一个个动作，队员们娴熟地配合，竞争激烈，第一局下来，双方打平。

第二场：两队互换攻换，中华棒球队没有适应场地，击球、跑垒和滑垒的过程中连续几次失手。他们调整状态，迅速反击得分。这时观众席上响起了热烈的掌声。球员们乘胜追击，迅速在这一局中获胜。

剩下几场中，詹天佑连连投出他那刁钻的曲球球路，不可一世的奥克兰队措手不及，连连丢分。几场比赛下来，中华棒球队以压倒性的得分赢得了比赛。

比赛结束后，奥克兰队球员纷纷过来与中国队员握手，表示祝贺。整个球场上欢声雷动，当地华人扮演了舞狮队前来助威。詹天佑、梁敦彦等球员纷纷取下球帽，挥舞着球棒向大家致意。

离开球场，这些幼童换上黑袍马褂，提着各自的行李，坐上马车，直奔码头，跨海回国了。上海的码头，没有掌声、没有鲜花，只有一些冷漠、异样的眼光，他们搬着行李，没有相互交谈，脸上也没有任何表情，他们躲开那些冰冷冷的目光，走进车市马龙的城市巷弄。

虽颇多波折，收获还是有点。他们有 16 名去了南洋水师，当时南洋水师正缺人，他们都去报名了。这里面包括詹天佑等5名耶鲁大学学生、欧阳赓等5名麻省理工学院学生，还有黄季良等5人到了南洋水师的军舰“杨武”号任见习军官。他们将在南洋水师大展前途，从国外学到的海军方面的知识也可以融入大清国的海军建设。十年苦读国外，现在终于有机会报效祖国了，黄季良和他的几位同学眺望着海面上停泊着的11艘崭新的舰船，一阵自豪感油然而生。

虽然留美学童计划夭折了，但是这件事的积极意义是不容置疑的，他们成为所有留学生的先行者。至此，迂腐、沉闷的科举制度被一层层捅破，中国人的眼睛已经能看到整个世界了。虽然目前这些人才没有给海军建设带来实际的益处，但是他们带来了新的眼界，这种国际化的海军建设眼光在办海军的初期显得难能可贵。这不仅影响了未来海军建设的方向，也同样为建设国际化的海军力量提供了精神支柱。

肆 打造现代化海上军团

1. 陆地战引发的海战

远在天津的李鸿章，此时已经顾不上这些“留美儿童”，另一件震惊大清朝的战事发生了，越南出事了。

大清国一会儿有新疆阿古柏叛乱，一会儿台湾发生兵变，用内忧外患四个字似乎并不能概括这种煎熬的处境，现在大清国当真成了热铁板上煎烤的牛排了。而这次“致命”的危机，不是把这块牛排煎成七分熟，而是要彻底烤焦。

越南与大清国是“宗藩关系”，但是两国之间，注重的是一种“从属”的名分，并没有实质的统治权，这就好比现在名誉主席、名誉教授，挂个名而已。大清国作为“宗主”方，虽然没有对越南实施统治，但是越南出事了，却还是有保护义务的。这种说不清、道不明的关系在大清国比比皆是，丢掉琉球国也是因为类似的原因，让日本人找到了缝隙，一旦钻进去，缝隙越来越大，最后只能破裂，琉球落入他人之手。

而且，这种宗藩关系，与当时中国人的天下观是密不可分的。中国人认为大清国周围所有的国家都是它的藩，拿过中国的华夷图来看，上面标注的就是整个天下，其实这个天下就是中国与周边的岛国。简单说来，天下观，是指中国就是这个世界。你来侵犯我，就是要把我赶走，自己坐山为王，包括太平天国、义和团进行革命的时候，都带有一点天下观的意思。而西方不是这样，它们是一种世界观。世界观看到整个世界，而不是自己的国家，它来进攻中国，不是要把清政府赶下台，而是要获取利润。要是能打开市场、沟通贸易，中西方就可能取得一个平等的对话权利。若是中国人一直停留在“天下观”里，去跟在“世界观”里的西方人打交道，吃亏的只能是自己。

法国在 19 世纪中叶，就一直想把越南划入他们的殖民地，1882 年，他们在越南动武，越南人很快请来“中国人”帮忙，这个“中国人”当然不是大清朝，而是太平天国残留的分支，叫黑旗军。当年，太平天国失败后，刘永福率领三百多人退到越南，在那里休养生息，慢慢壮大到两千多人。但是仅凭一支黑旗军，怎么能抵抗得了法国军队呢？法国军队势如破竹，一路北上，等到清政府注意到越南的情况时，法国人已经占领了越南大半部分领土。

越南有难，中国管还是不管？

朝廷里，吵得热火朝天。慈禧这位老太太也想听听诸位大臣的意见。李鸿章的思路非常清晰，在对付法国的问题上，他是彻头彻尾的主和派。法国是当时世界第二的海军强国，大清的海军建设，刚刚起步，在这种情况下，直接挑战这个欧洲强国，显然是不可行的。

“启禀太后，大清国现在还不能跟法国人打仗，我们应该先搞好国内的建设，只有确保了海疆、边疆 20 年或者 30 年没有大事发生，我们才能增强国力、增强军力啊。至于跟法国人打仗，等我们海陆军强大了，再打也不迟。”李鸿章说。

“爱卿，是要主和了？”慈禧不紧不慢地说。

“臣正是此意。”李鸿章说。

“李中堂的意思，是说对越南受侵略，充耳不闻了？”这个时候，一个熟悉的身影从群臣中走出来，说话人叫张之洞。这个人是旷世奇才，跟李鸿章不相上下。

张之洞字孝达，号香涛，别号壶公、抱冰，今河北南皮人，生于贵筑县，7 岁时随父到兴义府城就读，13 岁考取秀才；15 岁以第一名的名次中了举人，成为“解元”；26 岁考取进士第三名，成为“探花”，授翰林院编修。从政到现在，已经是四川学政、山西巡抚了。

“放任法国对越南的侵略，那就是示弱。其他的藩属国会怎么看我大清国？这样下去，那还了得，我以为，我们大清国应该向法国宣战。”张之洞继续说。

“法国，是欧洲海军强国，大清国的海军才刚刚起步，要是真要打上一仗，胜算能有多大呢？”李鸿章问。

“一味纵容，定会使敌人贪得无厌。”张之洞说。随后，又有一名年轻官员站出来，说道：“法国奸计妇孺皆知，唯独李中堂，您一无所知。”群臣里有不少声音，在附和这种“主战”的言论。李鸿章心里清楚，这些都是“清流党”的成员。清流党也称为“清牛党”，其中有负责主攻的“牛头”，有专门负责反击的“牛蹄”，还有其他帮腔、搭话的“小牛脚”，他们分工明确，主要任务就是替慈禧太后骂人。

清流党是慈禧太后一手弄出来的。本来这个清流，是个褒义词，专指那些标榜风节，不畏强势，遇事敢言，评议时政，指斥当道，不与权贵同流合污，深负清望的士大夫。但是随着恭亲王、李鸿章等为首的地方势力逐日增强，慈禧太后为了牵制、打压这股势力，有意纵容清流党，过了“敢谏、有风节”的度，清流就彻底改变了性质，只是起到监督、警醒地方实力派的作用。

他们就像是慈禧的狗仔队，随时窃取地方大员的行为动向，一有风吹草动，立刻禀报太后，并把事情揪到台面上弹劾你。慈禧这么纵容清流党，她的意图很明显，李鸿章、左宗棠这些人，实际掌握着兵权，大笔银子也在这些人手上，钱、权都在你们手上，那就可怕了，我要是说了什么话，你们不听，我也没有办法。这个清流就是时刻在敲打这些人。至于清流们，你们再怎么说他们的坏话，也没事。而地方大员就不敢乱说，一漏嘴，一个本子就给你参到慈禧那里去。

李鸿章知道，自己是争不过这帮清流的。他们有太多的大道理要去讲，无论能不能打，他们的意见都是维护大清国的脸面。他们作为局外人，说说而已，估计他们对法国的强弱、战争的发展势态都没有什么了解。要是真正打起来，大清国打输了，责任不在他们，全在李鸿章一人身上。但是事已至此，必须强争下去。

“法国海军强盛，中国海军没有实力上前迎敌。”李鸿章继续说。

“天子守在四夷，大清国应该用战争来捍卫中国的荣誉，还有朝鲜的利益。”另一名清流大将，曾国藩的大公子曾纪泽说道。

“中国兵士较弱，而且已经打了很久的仗，继续这么打下去，中国必定千疮百孔。”李鸿章说。

“能不能打胜仗，关键不在武器，在于决心、勇气，还有美德。有了这些，大清国一定能打赢法国鬼子。”李鸿章冷笑了一下，心想，你就靠那点美德去跟法国的大炮、舰船火拼去吧。见李鸿章不搭理他，曾纪泽也大为恼火，语气变得生硬，“中堂大人，您今天的表现，不亚于南宋奸臣秦桧。您这样懦弱，不敢迎战，是要把大清国推到火坑里啊。”

“太后，大清国每一次战争，最后都是要去签约，而签约，大清国就更加吃亏。与其这样的话，我们还不如争取在和平环境下，我们不打仗，在这种环境下跟洋人谈判，然后我们壮大自己，富强自己，等到时机成熟，我们就能把赔款、失地要回来。”李鸿章说。

“中堂大人，您这是要当缩头乌龟啊，仗还没打，就把条约给签了。”曾纪泽说。

“不打就签条约，当然不对，但是明知自己打不了，还要硬打，打了以后，还要赔更多，那就更不对了。如若这次，真要打起来，我大清国必定是要输的。”

“李中堂，”张之洞厉声喝道，“休要妄言，你这是灭我大清国的威风，是在卖国。”

李鸿章无奈，这些清流怎么高谈阔论、怎么抓人小辫子都没有关系，等唾沫星子喷完了，他们也就歇下来，但是实事还得李鸿章去办。办实事的人必须要想明白，要把这些事情办好，就要搞好与清流的关系。要是搞不好，你就是把事情办好了，他们还在你背后拆台、使坏。

李鸿章让步了，不再针锋相对。他知道再怎么争辩下去，也是枉然。“战与不战，还请太后定夺，卑职不再多言了。请太后三思。”

退朝后，李鸿章回到了天津。但是他前脚走进家门，张佩纶就来拜见了。而且这一次，他是奉皇上的旨意来找李鸿章的。张佩纶也是清流党的一个战将。在对越南问题上，他是主战的，他多次上奏，提出中国能够取胜的三大理由：一、普法战争刚刚结束，法国人一定元气大伤，国力贫困。二、中法距离遥远，法国人来到中国需要个把月，我国将士在人数和时间上面占有绝对优势。三、法国人在越南施行暴政，只要号召起越南人民，那么法军就会四面受敌，一举歼灭不是难事。

“主战”的张佩纶来找“主和”的李鸿章，看来，一场口水仗在所难免了。李鸿章当时很欣赏他，爱惜他的才华与刚直勇敢的性格。李鸿章回来后，虽感到疲惫，但还是热情接待了他，邀请张佩纶进屋细谈。张佩纶脸上并不热情，还不等仆人端上茶水，他便直奔主题道，“中堂大人，最近朝廷里对你有非议。大人知道否？”

“朝廷的事，我有所耳闻，但是具体情况还不知道。”李鸿章见张佩纶的脸色不对，便放低了语气，“都是怎么非议的？”

“有人说，您是朝廷最倚重的大臣，军事、外交都在您一人之手，凡是大人所求的，朝廷没有不答应的，但是这个节骨眼，大人却用一个‘和’字回报朝廷。如果大人真正忠于国家，就不应该给洋人长脸，反过来恫吓朝廷。大人的居心何在？”一股怒气在李鸿章的胸口集聚起来，但是他强忍着，没有发泄出来。仆人上好了茶，李鸿章用壶盖撇撇茶水上漂浮的青叶，淡淡地说：“还有呢？”

“还有，有人说，您今天买船、明天又要买炮，这么忙活了大半天，花费国家数百万的银子，但是一遇上洋人的挑衅，你却害怕起来，硬要主和。”张佩纶喝下一口茶，“如果是这样，花那么多冤枉钱干什么？倒不如拿出极少的一部分，养活几个马屁精，到时候，洋人要打过来了，把他们派过去，专门拍洋人的马屁，这样既省钱，又把事情办得漂亮。”

张佩纶说完，忍不住看了李鸿章一眼，李鸿章故作镇定，但是脸上变得微红，右手的手指频繁磋磨着。李鸿章长长叹出一口气，鼻子一阵发酸，他赶紧抬手摁住前额，勉强控制了眼角的泪意。在朝廷吵得够厉害了，想不到，现在还有人跑到家里来吵。

“朝廷，派你来，到底是要问什么事情？”李鸿章深吸一口气问。

“皇上让我来问，越南的事情，中堂大人是想如何应付的？”张佩纶说。

“中外交涉，每办一件事都关系到整个大清国，我们是弱国，所以在谋划最开始时，绝不能轻易打仗，挫败之后，也不能轻易求和。”李鸿章看着张佩纶，“有几句话，我随便说说。你就当闲聊便是，中国从宋代以来，一直都是文人掌握朝廷，其实，这样是不好的，文人不懂军事，一味地要发泄爱国热血，动不动就要跟人打仗，但是一旦打输了，又变得胆小了，这种流弊，不知坑害了朝廷多少次。”李鸿章端起茶托，饮了一口茶，“遥想汉唐时候，那些明君、大将，和无定数，战无定势，变幻自如，这才是上策。那些高谈阔论的士大夫们，是打不了胜仗的。”张佩纶觉得李鸿章说的有几分道理。

“那越南方面，该怎么办呢？”张佩纶问。

“只能边战边谈。先从淮军拨出后膛炮十门，炮弹三千发，后膛枪一千支，子弹一百六十万发，尽快运到前线。再从国内运送粮草过去。你觉得，这样妥当吗？”李鸿章问。

张佩纶目瞪口呆，骂人他拿手，这些枪支弹药他哪里能懂，只是虎头虎脑地说：“不错，不错。”

“你也赞成的话，不如你去上奏朝廷，现在，你、我都很忙，那就不留你了。”李鸿章缓缓站起来，冲着张佩纶点点头，佝偻着身子，缓缓走开了。

三月还没有过去，刚到早春的时节。早晨还降了星星点点的白霜，空气中暗流着冷意，不时可以嗅到烟花炮仗爆炸后残留的刺鼻火药味。凉意侵入衣衫里，皮肤上蹦出一层芝麻粒大小的鸡皮疙瘩。李鸿章用完早饭后，在院子里散步，胃中是温热的，但是脊梁骨上似乎有一阵寒流，直线向上喷涌。待到后脑勺时，全身哆嗦一下，打了一个大大的寒颤。他正准备回屋添上一件大褂，院外唧唧的说话声拉住了他即将转身的思绪。

来人是德国人，他叫德璀琳。1842年，他出生于德国官僚贵族家庭。1864年来到中国，服务于中国海关，任四等帮办，1876年任烟台东海关税务司。他与李鸿章的交往还要追溯到1876年签署的《烟台条约》。当时，德璀琳以烟台海关税务司的身份第一次见到李鸿章。第二年，德璀琳调任天津海关税务司，二人交往更加密切。中国最早的邮政就是他领旨、着手创办的。

他这么大清早来找李鸿章，难道只是为了聊聊天，叙叙友情吗？看到来人是德璀琳，李鸿章迎上去，还没有开口，德璀琳就拿出一个信封攥在手里。

“中堂大人，终于找到您了。臣有急事找您。”德璀琳说。李鸿章一面听他说话，一面还在回忆刚才那阵春寒的滋味。“有什么着急的事，这么早就匆忙赶过来？”李鸿章捶捶后背问。

“我有密函给您，情况危急，事关大清国的安危啊。”德璀琳说着，递过手中的信封，信封上写着：致李中堂。字体潦草，似乎攥笔的人急于写完这封信。李鸿章接过信封，信封没有封口，也许里面的信，德璀琳已经看过了。李鸿章倒想看看，这是谁火急火燎地要给他写信。

德璀琳站在一旁，脚跟在地上来回蹭动。他凑到李鸿章面前，想催促他快点打开信纸，但是又说不出口。李鸿章掏出里面的信纸，信纸只有薄薄的两页，写信的人，叫福禄诺。福禄诺是法国人，是原海军舰长。此人在中国多年，且久住天津。

信上的字体也很潦草，远看上去，这一排排行书，像被一阵旋风整个刮倒了。李鸿章迅速浏览完信的内容，顿时脸色大变，脊背上那股寒流，似乎冰冻起来，深深扎进骨髓里。“大事不妙啊！”李鸿章大惊道。

“大人，信上怎么说？”德璀琳急忙问道。

“你没有看过信吗？”李鸿章问。

“这是给李中堂的信，我怎么可以看呢？我只是听说，事情非常紧急。福禄诺还让我妥善保管这封信，说一定要交给大人。”

“信上说，法国已经调遣军舰，准备侵华了。他们密谋先取下中国一个大口岸，若是我不前去讲和，法国很快就要出兵了。越南是不用去了，法国人直接打到中国地盘上来了。”

福禄诺目前在香港，他无意中碰到了德璀琳，他们两人从前打过交道，原来就认识，他们俩一聊天，就把快要打仗的信息透露出来，然后德璀琳赶紧把这个信息告诉了李鸿章。

李鸿章当即回屋，命仆人准备好笔墨纸砚。他摊开信纸，给总理衙门写信：“我今天得到消息，法国人不仅要在越南打仗，中国也逃不了干系，他们很快就要攻到大清国的海岸线了。现在，正是和法国人议和的好机会。如若战火烧到中国来，大清国一定会惨败。等到那个时候议和，恐怕局面将难以收拾。希望朝廷，尽快拿定主意。”

信函发出后，李鸿章坐立不安，他亲自把德璀琳送到了府邸门外。不久，太监李莲英捧着圣旨，来到李鸿章的府邸。全府上下几百号人，统统出来跪地接旨。朝廷的意思是，为了保全大清国，命令李鸿章前去议和，要李鸿章全盘考虑周全，商讨出一个合理的办法，最后还补充说，要不稍失国体。

“臣接旨。”李鸿章举高双手，接过金灿灿的圣旨。

“都起来吧。”李莲英宣读完了圣旨说。左右仆人扶起李鸿章，李鸿章摊开圣旨自己重复读了一遍，颇觉“不稍失国体”，有点不甚清楚。这句话隐藏了不少含义，这么一来，朝廷既能苟安，而卖国的罪名又推卸到李鸿章的身上。这不是给自己淋雨，泼人家脏水吗？李鸿章是要去当替罪羊了。

“公公？”李鸿章问。

“中堂大人，有什么吩咐啊？”李莲英举起兰花指舞在空中道。

“这‘不稍失国体’，怎么讲呢？”

“这个嘛，来前，太后有交代过，就是嘱咐你，和谈的时候，最好不要改变越南是我藩属的地位，而且不能让法国人入滇，进行通商做买卖。”

“就这些吗？”

“还有一点，在越南的大清国将士，不能让法国人随意驱赶。和谈的时候，不能赔款。大体就是如此。”李莲英扫一下浮尘说。

官方正式文件——圣旨已经下达，精神必须贯彻。李鸿章加紧找福禄诺进行谈判。福禄诺来到天津，在北洋大臣府邸的客厅里，与李鸿章谈了整整五天。谈定后，双方很快签了一个“简明”合约。其中内容包括五个方面：

一、与越南南北相接壤的中国边境不受侵犯；

二、中国驻北圻的部队撤回边界，并不干预法国与越南两国之间签订或者没有签订的所有条约；

三、法国不索赔款，中国允许法国在边界通商。所有法国、越南和中国内地的货物听凭运销，日后再定下详细商约税则；

四、法国在与越南议改的条约里面，不能插入有损中国威望体面的字样，并将从前与越南所立各种条约中，凡是与东京（越南河内）有关的，全都要销废；

五、三个月后，中、法两国各派全权大臣拟定会议详细条款。

这份史称“李福协定”的《中法会议简明条款》，实际上已经把整个越南划给了法国。《李福协定》签订的前两天，条约里面的细则走漏了。朝廷里舆论大哗，那些清流们认为，还没有打仗，就把越南拱手让人了。朝廷内一下子收到 47 份奏折，全都是弹劾李鸿章和总理衙门的。这次，清政府的替罪羊，李鸿章是当定了。这么多人弹劾李鸿章是没有道理的，他不过是个谈判的，真正下旨意的是当政者。中国人看事情，有时候就是这样，只看到操刀的人，幕后的指使者往往很少提及。李鸿章成为众矢之的，还有一个原因，大清国受欺负了，朝廷内的清流们必须要义正词严、发一通感慨。这是大清国的惯例，这些感慨，有的是发自内心的，有的就是为了给上级甚至慈禧看的。其中有一个就骂街，骂过了头。

这个人就是翰林院编修梁鼎芬，他骂李鸿章骂得最狠，直接给李鸿章扣了“六可杀”的罪名。他这一道折子，直接惹怒了慈禧，试想一下，是慈禧授权李鸿章，去签条约的，不管这个条约平等不平等，这是慈禧在幕后促成的，把李鸿章骂得太过分，就把慈禧老太后也卷进去了。有史料记载，梁鼎芬是个搞笑的角色，他弹劾李鸿章，不是为了大清国，也不是要表达自己一腔热血，而是因为人家给他算命，说他 26 岁的时候必有一场大难，必须弹劾一个大官，才能活命。他就这么糊里糊涂地把目标对准了李鸿章。结果，梁鼎芬被连降五级，最后只好罢官离职。

慈禧看到这种形势，正是除掉恭亲王集团的大好机会。恭亲王与李鸿章是气息相通的，两人在外交问题上，一致认为中国是弱国，没有实力，现在还不是跟法国人火拼的时候，他们极力主和。而在慈禧老太后看来，恭亲王是在揽权，要扩大自己的势力，借此机会，慈禧发动了甲申易枢。光绪十年，慈禧突然发布懿旨，罢免以恭亲王奕䜣为首的军机处大臣全部班底，把光绪皇帝的生父七王爷挪到恭亲王的位子上去。

至于李鸿章，慈禧没有下毒手，而是给了一番警示。

李鸿章得知恭亲王遭到罢免，内心忐忑，知道祸事迟早要摊到自己头上，他在府邸等待着朝廷的召见，但是迟迟没有人来。他以为太后这次能放他一马，哪知道，好戏还在后头。傍晚时分，厨房里已经飘出了油炸葱花的香味，饭菜准备上桌了。仆人匆匆走到大厅，手里捧着一只大信封，足有一本《资治通鉴》那么厚，李鸿章还没有询问，仆人忙说："大人，密函。"李鸿章正津津有味地看着桌上的美食。

"大人，拿到书房看，还是……"仆人知趣地回答。

"拿过来吧，就在这里看。"他不看仆人，只是摇摇手说。仆人把大信封呈给李鸿章，李鸿章掂量掂量，里面似乎有不少信笺，但是谁会一次性写那么多信呢？他从边角撕开一条长口，借着烛光，看到里面全是奏折。这些都是大臣写给皇帝的奏折，怎么会寄到他的府上呢？

他命人取来裁纸的小刀，他从方才的口子那里，小心翼翼地划下去，直到裁开整条边。他取出里面厚厚一沓奏折，足有三十封。他猛然间产生一种大祸临头的恐惧感，眼前昏黑一片。手里的小刀一下落到瓷碗里，“哐当”一声，端饭、上菜的仆人们纷纷看过来，李鸿章的几名妻妾也停下纤手中的汤匙。

李鸿章揉揉眼睛，提起精神，在饭桌上一一摊开这些奏折，这些奏折全部都是送到慈禧太后那里，弹劾他的。这些奏折就是慈禧故意寄给李鸿章的。李鸿章认真看了每一份奏折，内心就像一座宁静的小城突然发生十二级地震，所有的建筑、房屋轰然倒塌。尤其读到梁鼎芬的“六可杀”的奏折时，这座小城不是发生了地震，而是彻底坍塌、埋进了烂泥里。李鸿章瘫坐在凳上，望着四周，说不出一句话，也没有人敢去问。

饭菜做好了，光是桌子上的就有很多花样：吴山贡鹅、瓦罐咸鸭、丸子、香椿头炒鸡蛋、面粉槐树花、南瓜稀饭，海参、猪肚、腐竹、鲍鱼、火腿，全都美味香浓。烧酒温了半壶，烟锅子填好了烟草，也放在了李鸿章手边。他没有心情理会这些，起身走回自己的书房。身后传来“大人、大人”的仆人叫唤声，李鸿章的继室赵小莲走到李鸿章的座位上，翻看了奏折，脸色大变，眼泪汹涌地流了出来，其他的妾侍也走过来，有的惊吓得瘫坐在凳子上，良久没有反应过来。

李鸿章走到书房里，摸黑点上蜡烛，他端坐在书桌前，尾随而来的仆人，身体贴在门外，却不敢进来，大人用餐一向规律，不是发生什么大事，他不会有这样的反应。李鸿章没有给谁写信，也没有看什么书，而是慢慢冷静下来，对目前面临的险境，思考了一番：

太后把奏折寄给我，到底是什么意思？恭亲王倒台了，我李鸿章肯定要跟着受罚。如果太后要惩罚我，还用寄奏折给我吗？直接招我进京，开刀问罪就是了。再说，我跟法国人签条约，也是太后自己应允的。太后寄给我奏折的意思，不过是为了提醒我，给我点颜色看看，但是不会真拿我怎么样。朝中大臣对我多有不满，实际上，太后也是在保护我。吓吓我就得了，足够把这事了了，也能封住诸位大臣的嘴。

李鸿章这才安心下来，他召唤仆人拿进来磨墨，当晚他胆战心惊地给慈禧写去一封信，信中彻底反思了自己的种种行为，并且澄清了自己与恭亲王的上下级关系。他命仆人把信送去，并反复嘱咐，一定要送到大太监李莲英的手里。仆人奉命进京后，李鸿章才安心走出书房，来到大厅里，诸位妻妾还端坐在饭桌前，桌子上的饭菜都没有动上一筷，她们只在碗里盛了少许的稀粥，来抵挡肚中的饥饿。李鸿章的座位上还依次排开着奏章。他摆摆手，仆人收拾了奏折，装进信封里。

“这些……”仆人问。

“都拿到书房去吧，放在书架顶格。”李鸿章继续说，“这些菜，热的就留下来，要是凉了，拿去温一下。都吃饭吧。”他说着，夹起一块猪肚放进嘴里，嘴里没有任何滋味。

当朝廷里还在因《李福协定》争论不休的时候，法国人按照协定前往越南清军的军驻地接防。不巧的是，清军并没有接到朝廷的撤退命令，拒绝接防。法国人懵了，不是说好接防的吗？条约都签了，这还得了？中国人是要毁约还是想拖延时间？这条约跟没签有什么区别？这种情况下，法国人急了，写出文书谴责中国人出尔反尔。法国人于 7 月 12 日发出最后通牒，清政府必须立马执行《李福协定》，并且追加一笔赔款。

条约签订了，名声也败坏了，原本可以避免一场恶战，却终究没有避免这场大祸。事实上，李鸿章对法国人并不信任，谈当然要谈，但是谈出来的结果，是否要执行还得看看再说。清政府迟迟给不出答复。法国人撕毁《李福协定》，占领越南宣光府，接着又以巡视边界为理由，逼近清军驻守的谷松、屯梅，并与清军正面对峙。三名清军军官前来交涉，法军当场枪杀了他们，并向谅山发起进攻。

对这个《李福协定》，不仅李鸿章不信任法国人，法国人签这份条约的目的，根本也就是缓兵之计，它们早就有了对中国的野心。这块松软、多汁的肥肉怎么能签一个合约，就草率松嘴呢？法国对中国图谋已久，攻打中国，对他们来说，是百利而无一害的，而且他们在1860年火烧圆明园的时候已经尝到了不少甜头。

不过，饭要一口一口吃，路要一步一步走。法国人不能一口把中国和越南全部吞下去，蛇吞象的道理，法国人还是懂的。他们原定计划是先攻打越南，占领了越南之后，重新积聚力量攻打中国。所以法国人一开始并不急着逼迫中国，而是在越南稳扎稳打，步步为营。想不到的是，中国人很快看穿了这一企图，眼看着中国逐日购买十多艘炮舰，这么发展下去，建成一支颇具规模的现代化海军是指日可待了。法国人很清楚，这样的海军一旦建成，再想去进攻中国，恐怕就很难了。所以，他们只能调整侵略的步伐，加速对中国的挑衅。最终，一场全面的战争不可避免了。

朝廷方面，慈禧掰倒了“主和”的恭亲王，自己又拿不定主意。她六神无主之时，找来光绪帝的父亲醇亲王哭诉一番。

“我不想再经历火烧圆明园的惨剧了，也不想大清江山因我而失去，由我示弱。”慈禧说。

“请太后宽心，这一仗可以打。我大清国不能再向敌国投降示弱了。”醇亲王安慰道。

“要打就打到底。这些法国鬼子，欺负一次不够，还要第二次。”慈禧说。

慈禧抹干泪迹，召见群臣，说：“主和了，我们后悔，不主和，同样后悔。主和，那就是向法国人示弱，但是不主和，就可能割地赔款，而且引起内乱。你们说，这该怎么办？”

许久竟无人发言，平时高谈阔论的清流们，也闭上了嘴，不敢乱说话。

最后左宗棠走上前来，说：“太后，依臣之见，中国不能永远屈服于洋人，与其赔款，不如拿赔款做战费。若是将士们全力以赴，打败洋人，还是有胜算的。再说，法国人是天生的强盗，上回烧了我们的圆明园，不知道这回又要折腾什么，如若不遏制这样的嚣张气焰，日后，定会以为我大清国是他们的奴隶。”

台下，大臣们肃然起敬，连连称道。慈禧点点头，于是含泪罢朝了。

自此，慈禧太后便摆出一副“主战”的态度，这样一来，朝廷上下，哪有敢说“主和”的，人人主战，一个比一个奋勇，而要声明自己坚决的“主战”立场，最先做的，那当然是大骂李鸿章。

中法一战，太后说，能胜，光绪皇帝说能胜，军机处说能胜，朝廷的清流们更是说能胜。

但是派谁去呢？李鸿章肯定不行，他是主“和”的，朝廷里正整天骂他，就算他能耐再大，也不能派他去，派他去了，不是“主战”派自己打自己的嘴巴吗？

8 月上旬，法国军舰开到了台湾海峡，并且进攻了台湾基隆。攻陷大陆是势在必行了，中法之战一触即发，就等着打响第一枪了。

情况更加危急，到底应该派谁去？慈禧左思右想，从前，张佩纶纸上谈兵的时候，有好多次战争的结局都让他说中，而且他也深信，战败法国是有条件、有根据的。既然那么厉害，不如就派他去前线作战。

张佩纶接到上级命令后，顿时傻了眼。他自己很清楚，自己说说还行，但绝不是带兵打仗的料。但是命令已经下达，不去就是欺君的死罪，只得硬着头皮去了福建水师，干起了海防工作。

张佩纶到达福建不久，法国的舰船就浩浩荡荡地驶入了中国口岸。中国的港口，法国的兵舰怎么想进就进，这不是明摆着来挑衅的吗？按那个时候的国际惯例，外国军舰驶入别国口岸，数量不得超过两艘，时间不得超过两周。

此前，张佩纶一直都是个言官，动动嘴皮子就行了。但是带兵打仗可就是另外一回事了，“坚船利炮”这样的新玩意，他更是一无所知。现在，法国的战舰就在军港外游弋着，他该怎么办呢？

在中、法交战的形势下，法国舰队竟然深入本国军事要地四十余日，而清政府没有采取任何行动，这不能不说是战争史上的奇闻。清政府如此狼狈的行径，一方面是国力微弱，另一方面也是因为当时在处理国际争端的问题上，他们不知道该怎么做？就连如何驱逐法军退出港外，都不知道。

这么一来，福建水师就赤裸裸地暴露在法国黑洞洞的炮口之下。张佩纶再也没有打败法国军队的信心了，他赶紧给李鸿章发去电报，请求他找法国代表谈判。李鸿章跑遍整个天津，也没有找到法国代表，他回电张佩纶：“法国代表不在天津，你自己想办法阻止法国军舰吧。但是千万谨记，只能口头上争论，不能随随便便就开火。”

法国人都要爬到中国人的头上来泼粪水了，还是不能开火吗？当然不能了。大清国是东方弱国，欧美列强都想从这次战役中捞一勺鲜汤尝尝，法国人更不用说了。如果法国军舰先开火，那就是法国在进攻大清。法国人就是彻底的强盗，虽然他习惯当强盗了，但是这起战事，是法国人挑起的，赖不到中国人头上，从道义上来讲，列强们是不能随便插手这件事的。反之，如果大清国先点燃了炮台，那就等于在进攻法国。那情况就不得了了。法国人便把“发动战争”的罪名扣到中国人头上，他们完全可以根据这条罪名，在国内大造舆论，激起国民和政府的愤怒，战争一旦得到更多人的支持，将进一步升级，同时，其他列强也可以借口插手管理此事，支持法国攻打中国。到时候，大清国面临的很可能不是烧杀抢掠，而是存亡灭种的灾难。

势态发展到这一步，任何的慷慨激昂、满腔热血都没有用处了。他所能做的，就是放下任何不切实际的想法，埋头整顿海防，在岸边垒砌土堆，沿岸各处插上旗帜，把手里所有的兵力尽快调遣至船政局和造船厂一带。若是把法国人和福建水师的装备做一下简单的对比，这场战争的结局似乎可以预见了。

福建水师驻军设备落后，只有一些老式的前膛枪，火炮也只有八门。炮舰有十一艘：扬武、伏波、济安、飞云、振威、福星、艺新、永保、琛航、福胜、建胜，都是中国自己制造的，总吨位在一万左右。每艘炮舰大小不同，多是木制的，蒸汽机位于海平面以上，很容易被击中。炮舰上一共有四门火炮，而且多是旧式滑膛炮，装弹慢、威力小。

法国开到中国港口的军舰有十三艘。有旗舰窝尔达号、铁甲舰凯旋号，木壳巡洋舰有杜居士路因号、维拉号、德斯丹号，炮舰有野猫、益士弼和蝮蛇号，还有两艘鱼雷艇，45 号和 46 号。排水量一共 14 500 吨，超过大清战舰吨位 4 000 多，装备火炮 77 门，而且大多是大口径的线膛炮，并配有哈乞开斯机关枪，这种机关枪每分钟能射击 60 发子弹。总体说来，这种舰船火力猛、速度快、装甲厚。

双方力量对比一下，大清国的福建水师显得不堪一击，但是兵临城下，只能捧起鸡蛋挡石头了。张佩纶束手无策，这回，他又想到了李鸿章。他给朝廷发去急电，请求派北洋水师前来救援。

在天津的李鸿章，很快收到朝廷的急电，命令李鸿章调动北洋水师的战舰，前去支援福建水师。李鸿章斟酌再三，给朝廷回电道：

目前情况紧急，如果调遣北洋的舰船，支援福建，只能白白折损“北洋”的战舰，同时也给敌人以口实，提前燃起战事。况且、江苏、上海等地也应该自行防卫。我曾经在烟台登上法国的铁甲舰参观过，法国人的巨炮、舰船，完全不是我“南洋”、“北洋”所能抵抗的。现在，法国两艘铁甲舰停泊在马江口外，目的就是要阻止北洋的增援。北洋水师舰船的铁甲不过五分厚，很容易被击沉。我觉得，北洋各船应该与天津大沽口的海口炮台相互掩护。这样才能有效地牵制住敌人，中国除非花大力气建立海防，兴办水师，否则不能在海面上与西方舰船正面交锋。

李鸿章不愿意派出北洋水师舰船，原因有很多，其中最无奈的是，就算派去舰船，北洋水师也不是法国人的对手。当下，北洋水师有两艘木头壳的超勇、扬威号勉强能跟法国舰船对阵，其余还有六艘镇字号“蚊子船”，八艘加起来，一共也就五千多吨。那六艘蚊子船停在海口吓唬人还凑合，当真要上了战场，航速只有九海里，遇到敌人只能发射一次炮弹，然后再调转船身，对准目标。这样一来，肯定处于下风。

农历七月初三，马尾军港的法国舰队总司令孤拔，接到上级的开战命令，随即向福建水师发去“最后通牒”，通牒称：福建水师必须在当天下午，撤出马尾。张佩纶接到通牒后，赶紧派人坐船前去，与法国人进行交涉，借此拖延时间。有了这个空当，福建水师也好做做准备。但谁也想不到，下水前去交涉的小船，还没有离开近海，法国人的军舰就开炮了。

首先受到围攻的是旗舰扬武号，这条1 300多吨的国产木壳战舰，多处中弹，舱室内炸出一个洞口，咸涩的海水汹涌地涌进来，船身愈渐下沉。下沉过程中，扬武号仍在死战，一炮击中法国旗舰窝尔达号，当场炸死五名手执火枪的法国水兵。一阵巨响，扬武号猛烈晃动一下，一颗鱼雷击中了左舷，旗舰迅速倒斜、沉没了。

这时，一艘吨位为580顿的小炮舰福星号砍断锚链，转头冲过来，拼命攻击法国舰船。但是船小、炮弱，无法击垮舰船，自己却浑身中弹，炮弹舱被击中，自行引爆了。整艘船炸成了两截，缓缓淹入海水中。

海岸线上的岸炮也开始轰击，但根本不是法军舰炮的对手，很快被打压下来。海面上枪林弹雨、浓烟滚滚、血肉横飞，张佩纶心急如焚，但是拿不出一点办法，只好开始写奏折，奏折中吹嘘自己如何如何。

眼看着法国海军陆战队跑上岸来，在陆地等候的清军一哄而上，枪打刀砍，一阵混战，法国人抵挡不过，只好在舰炮的掩护下，退到海面上。进入马江的法国舰船看到无法登陆，抢占船政局，待在狭小的江面上，很是危险，于是转舵退出马江。撤退途中，还不忘用大炮拼命轰击岸边的炮台。法国舰船顺利退出闽江，驶进大海，朝着深海处奔去了。

下午 1 点 56 分，海战开始。不到一个小时的时间里，福建水师 11 艘军舰全部沉没，福建船政学堂、马尾造船厂也遭到全部摧毁。洋务运动之后，苦心经营 20 年的福建水师全军覆没。

当年，在美国 10 年成长起来的“留美幼童”，有很多人都来福建水师任职了。这些人当中，有 6 人参战，4 人牺牲了，其中，薛有福、杨兆楠等三个人，都是麻省理工学院的学生。

马江之战虽然惨败，但是并没有决定中法战争最后的胜负。

从马江回来后，法军舰船总司令孤拔立刻率领舰队，直逼台湾，命令 12 艘战船炮轰基隆。驻守基隆的清军手中只有旧式火炮，实在无法应战，死伤了上百人后只好退到内陆。法军立即登陆，占领基隆港及其附近阵地。另一方面，孤拔的副手指挥另一路法军进攻沪尾，眼看，沪尾难保，刘铭传不得不下令，放弃基隆，集中力量坚守沪尾。

刘铭传率领淮军，躲进山地丛林之中，准备与法军决一死战。山林中，淮军与法国人短兵相接，豁出性命与法军砍杀，拼了一整天，登陆的法军死伤满地，再也无法继续进攻，只得退出丛林，在船舰上死守台湾。刘铭传率领的淮军杀死法军300多人，另外抓住14名俘虏，刘铭传一声令下，把这些俘虏当众砍杀。

法国人命令舰队封锁台湾，想把清军困死在岛上。刘铭传早就料想到法军会来这一招，他提醒，淮军各部不要慌张，有粮食，就吃粮食，没有粮食就在丛林里找食物，大炮用完了，就用枪，枪用完了，扛着大刀也要冲上去。淮军一天天死守下来。

李鸿章得知此事后，不惜任何代价支援台湾，先后向台湾运去淮军3 000多人，步枪9 000支，火炮60门，弹药两百万发，另外送去银两10万。

台湾到底是守住了。台湾，稳稳地控制在刘铭传的手中。同时，南洋、北洋分别派去战舰，赶赴台湾。

南洋水师的“开济”、“南琛”、“南瑞”3艘舰船，于1885年2月27日驶入了海防重镇镇海。翌日晚上7时，法军司令孤拔率“巴雅”、“凯旋”、“尼埃利”、“达拉克”4舰到达镇海口外进行封锁包围。

3月1日上午，法军汽艇驶入镇海口侦察，被招宝山炮台清军击退。下午3时，法军“尼埃利”号巡洋舰开炮攻击招宝山炮台，中国守军奋勇还击，港内的“开济”、“南琛”、“南瑞”亦开炮攻击法舰，“尼埃利”号接连中弹，前桅被打断，舰身遭到重创，被迫退出战场，南下修理。其他 3 艘法国军舰只得后退下锚。

清军初战告捷。法军在数次攻击失败后，总结了经验教训，将军舰驶至南洋 3 舰火炮射程外，集中力量攻击镇海口南岸的小港口炮台。浙江提督欧阳利在此前早已将该炮台的火炮撤出，仅在炮台内设置一些旗帜作为疑兵。法国军舰未能觉察，自以为得计，对该炮台狂轰了数天，浪费大量弹药。

吃了不少亏之后，法国舰队无计可施，只好每天在港外游弋，直至中法停战，再未敢入侵镇海。

南洋水师 3 舰配合镇海守军，最终取得了镇海保卫战的胜利。

在北越战场上，李鸿章请旨朝廷，任命冯子材为钦差帮办。让他在镇江当地征召新兵，赴镇南关迎战法军。

在东岭炮台四周，法国人倾巢而出，对清军各处同时发出进攻，冯子材一声令下，清军誓死迎敌。战壕前，喊声震天，炮火轰鸣。激战许久后，战场上两军伤亡过半，再难打下去。两军各自后退，战士们总算喘了一口气。然而，法军没有给清军任何喘息的机会，迅速重新列队，再次进攻上来。同时，冯子材得到信息，谅山大败，由当地爱国青年组成的定边军，逃至油隘村。

这一次，法国人的进攻更加猛烈，子弹横飞，就像冬天里肆虐的风雪，所到之处，必然形成摧枯拉朽之势。清军不敌，法军直逼战壕，防线一次又一次地动摇，眼看着守不住了。冯子材从椅子上跳起来，跃出高墙，扑入法军阵中，他的两个儿子紧随其后，一时间，军心大振，奋力杀敌。

厮杀片刻，空中一声巨响，所有人都打了一个趔趄，只见不远处的村落里一股黑烟冒起，云烟中，爆炸一声比一声响，法军顿时乱作一团。烟雾散去，定边军出现了。两面夹击，法军全军溃散。镇南关大捷。

1884 年，9 月之后，中国在中法战争中的北越战场、台湾战场、镇海保卫战中取得了胜利，而取得这些胜利，李鸿章领导的淮军是功不可没的。事实上，当时的中国战场上，只有淮军是唯一在战场上与法军正面交手，并获得胜利的军队。近代以来，那些反侵略的战争当中，中国能单独抗衡一个国家，能够打成平手，最后取得胜利的，应该就是这场中法战争。镇海战场上，主要是湘淮军，基本上还是淮军为主，越南战场上，除了主力淮军，还有其他军队，滇军、桂军等等。

可以这样说，李鸿章一手培植起来的淮军，此时已经成为大清国最重要的国防力量。淮系官僚中多达 1 600 人在朝中做官，有如此强大兵权和庞大的官僚网络作为后盾，李鸿章在朝廷的地位，一时间难以撼动。

这次虽然大清国取得了胜利，但是朝廷还是采取了“乘胜即收”的策略。再次把《李福协定》端出水面，法国方面也没有提出其他不合理的要求。1885 年 6 月，善后专家李鸿章奉命在条约上签了字。

2. 北洋水师成军

中法战争结束之后，清政府对于海军、海防，又有了更深层次的认识，执政者逐渐认识到：早期购买的蚊子船，对于欧美那些军舰齐全的海军大国，尚有守护海口、独当一面的意义，而对于中国这样没有任何海军基础的国家，花大笔的银子，购买这批军舰，并不能增强国家的海防实力。

潜移默化中，清政府的海防观，由近海守口防御，悄然迈向蔚蓝色的远海。这样一种态度的改变，实际上是意识到了海防的重要性，而且改变了以往防守的态度。大清国之前购买的军舰、炮艇大多用来抵御他国的进攻，只有敌方的军舰打到家门口了，自己的战舰才能出海作战。而且出海，也只是近海。把目光伸向远海，是需要攻击性强、作战能力更强的铁甲舰的。认识到这一点，才能从根本上提升大清国海军的作战层次和火力。

于是，大清国花重金购买了威震东亚的大型铁甲舰“定远”、“镇远”。1885 年，经过整整五年的艰苦磨难，“定远”、“镇远”、“济远”三艘舰船，终于驶回了中国。这是三艘真正的铁甲战舰，7 300 吨的硕大无朋的大家伙停在海上，简直像三座浮动的小岛。舰船上，还配有巨炮，炮管足可以探进一个成年人的大脑袋。船身上 360 毫米厚的钢铁装甲，就好比在一艘船上重新裹了一层厚铁皮，一般的小炮、小艇是无法打穿的。舰上搭载着两条鱼雷艇，这些鱼雷艇可以在任何时候发射鱼雷，直击敌舰的船底。

在海战中，这些鱼雷艇可以被放到海里，用艇上的三颗鱼雷直接攻击对手，成为“游移的大炮”。舰船的船舷旁，还布设着新式五管速射炮，这种装备中国人还从没有见到过。在近战中，这些速射炮的炮弹将像雨点一般落在敌人的舰上。

这些大型军舰回国后，中国海军开始频繁活跃，在北起海参崴，南至新加坡的辽阔海域，一度成为这片海洋上的霸主。伴随着金色龙旗飞舞，中国的海军跃居亚洲第一位。要是中国早一点有这样的舰船，那帮法国人还敢来挑衅吗？

此时，只能用于近海防守的蚊子船，逐渐显得不再重要。为了节省经费，北洋水师的6艘蚊子船，只有2艘在海上值勤，剩余4艘则收入旅顺、大沽等地，昔日世界名舰的光环逐渐褪落了。

庆功宴上，大小官员都来捧场，李鸿章特别高兴，这一天可能是他一辈子最开心的一天，酒席开始没多久，他就喝得酩酊大醉了。仆人们把他扶回卧房，李鸿章嘴里还冒着酒气，攒着劲要去大厅继续喝。仆人们没有办法，只好把他抬了进去。门口来了一拨一拨劝酒的人，仆人们挡在门外，这些大人们也都喝多了，有的举着酒杯子，杯子里的酒统统洒光了，还是连连端起酒杯，往嘴里倒。有的干脆提着酒壶来了，架势相当吓人，似乎不让进门，就要摔酒瓶子砸人一样。这些大官们，平日里斯文、讲究各种礼仪。一旦喝多了酒，跟大街上的贩夫走卒没有什么两样。有的无缘无故地乐呵乐呵地唱小戏，有的不停地擦鼻涕、流眼泪。仆人们把劝酒的人拦回去，又怕失了礼仪，只好边推搡、边说好话：

“大人，您看，中堂已经喝醉了，明天还有公务在身，操劳了这么久，今晚就让他好好睡一觉吧。”

李鸿章躺在床上，做梦都在想着“定远”、“镇远”号战舰。此刻，借着几分醉意，他觉得自己现在正躺在战舰的船舱里，海水在耳边此起彼伏，像没有唱词的小调。船头上，高昂、耸起的大炮，在晃眼的阳光下，光芒闪烁。一声炮响，炮口里喷射出五彩斑斓的烟火，那些烟火犹如雨幕一般，呼啦一下，全部落在他刚剃的额头上。他深陷进烟花里，感觉是那样的美、那样的满足。他跟着这些烟花，肆意流动，一会儿，他飘忽在天际，浓云在他手边蠢动着。他低头看到两艘战舰，徐徐行驶，倾轧着前面无数的小船。一会儿，他沉浸在海水里，烟花在海底盛开，更为绚烂、动人。他看到上万条沙丁鱼正窥视着自己，海面上两座巨大的阴影笼罩过来。他浮出水面，触摸着战舰的船身。船身侧面，有一只大海星黏滞着，他刚伸手去摸，却碰到暖暖的杯子。

他顿时醒过来，身边不是无尽的海水，而是坐在床边的仆人，仆人手里正握着杯子，李鸿章挪动身子，立起上半身。仆人送过杯子，李鸿章喉咙火烧一样，宛若一根枯柴。他接过水杯，大口喝下去，胸腔里马上滋润了许多。喝水的时候，他还在思考刚才的梦。

“什么时辰了？”李鸿章问。

“都三更了。”仆人添了一杯水说。

“大人们，都回去了？”李鸿章问。

“酒席都命人收拾了，大人们也都回去了，只有两位福建赶过来的大人，留下了，已经安排了住宿，现在正美美地睡着呢。”仆人说。

“那就好，安排妥帖就好。”李鸿章喝完水，便又躺下，“你回去休息吧，天也不早了。明天的早饭，就安排别人来做。”他沉沉睡去，想要回到刚才的梦里，却怎么也梦不到战舰了。

日后，李鸿章又向朝廷写去奏折，建议再订购四艘巡洋舰、六条鱼雷艇。其中一艘鱼雷艇在英国建成，另外五条鱼雷艇则从德国购买零件回国组装。清政府照这个建议做了。购买这些战舰，朝廷一共花费白银 3 788 592 两。

1888 年 3 月 15 日，“致远”、“靖远”、“经远”、“来远”和“左一”鱼雷艇驶抵天津大沽口。在这四艘舰中，英国造的“致远”、“靖远”长达 81.4 米，宽有 11.6 米，吃水 4.9 米，排水量 2 300 吨，马力 7 500 匹，航速可达 18 节。舰上装有 210 毫米主炮 3 门，150 毫米炮 2 门，6 磅炮 8 门，速射炮 6 门，鱼雷发射管 4 具。

德国造的“经远”、“来远”各长 82 米，宽 12 米，吃水 5 米，排水量 2 900 吨，马力 5 000 匹，航速 15.5 节。舰上装有

210毫米主炮2门，150毫米炮2门，75毫米炮2门，鱼雷发射管4具。

从这四艘战舰的情况，可以看出英国和德国对海战认识的不同。

英国是当时世界头号海上强国，整个国家全凭海军而强盛，而英国海军又是从海盗和“私掠船”起家。所以在他们看来，战舰要较轻、较小、较快，火炮要狠，却把防护放在相对次要的位置上。德国是个陆战强国，在海上不像英国人这样敢打敢拼，而是比较追求稳妥，舰体大，装甲厚，火力强，但如此一来就忽略了速度。可以说在“凶狠”这方面德国海军不及英国海军。

纵观这两个国家在海军方面不同的发展和态度可想而知，当时世界上，对战舰的要求，每个国家都存在着很大的差异，并非整齐划一。这就导致更多的因素决定着海战的输赢。

大清国建设海军之初，倾向于建立一支装甲坚厚的“德国式”海军，而当时的日本却致力于建立一支速度快、火炮狠、装甲薄的“英国式”海军。以致在后来的交战中，北洋水师主力舰的钢铁装甲，成功抵挡了日本舰船的无数炮弹，日本人却在关键时刻仗着航速的优势，一逃了之。

有了“定远”、“镇远”、“济远”、“致远”、“靖远”、“经远”、

“来远”、“超勇”、“扬威”，鱼雷艇、练习艇、运输船……大大小小共计25艘舰艇，北洋水师正式成军了。北洋舰队中，各战舰舰长及高级军官，几乎全是从福州船政学堂毕业，多位曾前往英国留学或实习。还有毕业于英国格林尼治皇家海军学院的方伯谦、林永升及萨镇冰等人。

中层军官内不少为原留美幼童，回国后到福建水师学堂学习。舰队中，一直有外国人担任军官，主要目的就是对北洋海军进行指导。成军初期的总教习为英国人琅威理。

为了和国际接轨，李鸿章还制定了军旗。当然，这一军旗也是得到清政府同意的。

国旗的质地、章色为：万年国旗羽纱质地，正黄色，用羽纱镶嵌青色五爪飞龙，龙头向上。军旗提督用五色长方旗，诸将用三色长方旗，上角饰以锚形。

海军建成了，其他的配套设施比如军港、炮台，也是需要建立的。

这下，又要够他忙活的了。李鸿章首先选择在天津建立海防。他在大沽、北塘等地修筑炮台，还从德国购买了大名鼎鼎的克虏伯大炮。这种大炮，口径280毫米、炮管长11.2米、重44吨，仰角可达30度，有效射程在19 760米，炮弹3 000米内可穿透65.8公分的钢板，每分钟可发射1—2发炮弹。

同时还建立船坞、军械库、炮厂，在近海区域布设了水雷，安排蚊子船，这些快要“淘汰”的战舰和岸上炮台互相依托，形成一个完备的防御体系。离大沽口30里外的新城建立堡垒驻扎军队，守住京、津水路的咽喉要道。若是有外国军舰进入河道，那就相当于瓮中捉鳖，怎么捉都是赢。

遗憾的是，实际操作起来，大沽口水道淤浅，又在渤海湾里，地域狭小，离京城又太近，大舰队不适合在此停泊，因此，大沽口并不太适合作为北洋水师的基地。这次，李鸿章把眼光投向了旅顺、威海卫两个大军港。

李鸿章派挖泥船，疏通旅顺航道。接着修筑炮台以及大型船坞，并且设置专门的修船厂。在军港附近修筑了十座炮台，这些炮台全仿照德式结构建成，共配置火炮63门，其中200毫米以上巨炮9门，所配的“地阱炮”用水压机升降，可以四面转动，向不同方向射击。分别是老蛎嘴后炮台、老蛎嘴炮台、摸珠礁炮台、黄金山炮台、黄金山副炮台、老虎尾炮台、威远炮台、蛮子营炮台、馒头山炮台、城头山炮台。

除此之外，李鸿章还命令淮军名将宋庆统领“毅军”沿旅顺至金州大道驻扎，在东、西两侧山地建起一连串炮台，又在大连湾修筑6座炮台，构成旅顺军港的外围防线。

威海卫方面，李鸿章奏请清廷，每年拨30万两白银，在山东建立威海卫军港，历时三年完工。在威海卫海湾南端有皂埠嘴、鹿角嘴、龙庙嘴三座海岸炮台，这样就组成了北帮炮台；还有合庆滩、老母顶两座陆路炮台；在刘公岛上又建有东泓、迎门洞、旗顶山、南嘴、黄岛各处炮台；邻近的日岛也修筑了工事。整个威海卫防御体系一共配置火炮127门，其中200毫米以上巨炮多达40门。

海军有了，军港有了，炮台也有了，中国海防的面貌，焕然一新。中国人终于有了底气，再也不用担惊受怕了？自从西方人的坚船利炮一脚踹开了国门，大清战战兢兢、唯唯诺诺、窝窝囊囊快50年了。终于到了中国人扬眉吐气的时候了，李鸿章此时也倍感自信。

1888年12月17日，北洋水师于山东威海卫刘公岛正式成立，这支新型的舰队，在世界排行第8位，在亚洲排行第一。

这个时候，北洋水师的硬件已经跟世界接轨，并且占有绝对的优势，但是软件方面，却出现了诸多的漏洞。这些漏洞完全是可以弥补的，但是却被长期忽略，这不得不说，是李鸿章这个CPU管理不善、妄自尊大造成的。

3. 逼走洋教员

北洋海军正式成军了，但这支近代化的舰队由谁来指挥呢？中国人肯定是不行的。这些西方的装甲舰船，中国人见都很少见，虽然有一些留学生学习过海军的知识，但大多是半吊子，真要指挥起舰队，他们真没有这个能耐。

李鸿章受到了日本的启发，北洋水师兴建的时候，日本也在打造自己的海军，他们采取了拿来主义，在自己的战舰中，聘用了大量英国教官。李鸿章也借鉴了这个办法。想当年，他在上海训练淮军时，不就聘用了英国人戈登吗？在与洋人打交道方面，李鸿章是轻车熟路。

早在 1879 年，李鸿章便找过驻英公使曾纪泽。曾纪泽之前是清流的一名悍将，跟李鸿章是吵过架、骂过街的。但李鸿章办理公务的时候，并没有计较这些。他让曾纪泽向英国海军部寻找顾问，曾纪泽推荐说，琅威理可以，此人“诚实和平，堪以留用”。

这年 9 月，英国海军上将古德路过天津时，李鸿章也向他问起此事，古德也提起这个琅威理。

李鸿章与他晤谈数次，又看他调阅操演，甚为满意，便当面透露聘请他的意思。

琅威理思考再三，要来华任职，需要满足这三点要求：第一，必须有调遣军队之权力；第二，需要向英国海军部请假并获得允准；第三，中国方面需要与英国海军部协商，将他在华服务的年限，作为海上服役的年资，不能影响他在英国海军中的升迁。

英国政府一开始并不愿自己的军官在中国服役，后来经驻华公使威妥马、大清海关总税务司赫德多方周旋，经过三年的交涉，1882 年秋天，琅威理终于来中国任职，头衔是副提督衔，北洋海军总查，负责北洋海军的组织、操演、教育和训练。月薪白银 600 两。

琅威理 1843 年出生于英国，14 岁即进入英国皇家海军学校，此后一直在英国海军服役。他第一次来华是 1863 年，当时中国从英国购买了一支舰队，琅威理负责护送，此后他又在 1877 年护送舰队来华。他确实是懂海军业务的。

琅威理一到北洋水师，头衔便是副提督，也就是副司令。当时提督为淮军将领丁汝昌。丁汝昌为人忠厚，原本是步兵，不懂海军业务，也不懂英语，更不会海军操练，所以，他根本无法指挥海军。因此日常训练全部交给了琅威理。

琅威理在北洋水师，整日都在料理船事，没有片刻休息、娱乐的时间。有时上茅房大小便，都需要打旗语。他认真按照英国海军条例，训练北洋舰队，夜里也要进行操练，将士们没有人敢出差错。

有一次，子夜时分，琅威理故意吹响鸣警号，进行实战演习。将士们听到警讯，衣服也来不及穿，立刻下床站好队，等待检验。有的只穿了一条内裤，有的习惯裸睡的，就光溜溜地站在那里，没有人敢多浪费一点时间，来穿衣服。检验完之后，将士们就各忙各的，不到琅威理取消演习，不能停下手头的工作。

另外，琅威理还根据国际惯例，制订了中外海军交往礼节，扩大了中国海军的影响。水师变成那个模样确实是很不容易的，琅威理付出了很大心血。

这时北洋水师的训练已经达到了巅峰。当时有一句顺口溜叫做“不怕丁军门，就怕琅军门”。当时在他的管理下，北洋海军的制度是非常严格的。严格到什么程度呢？严格到了刘步蟾都受不了的地步。刘步蟾、邓世昌他们都是一帮留学生，都是从英国留学回来的，也都不太满意，觉得太严厉了。

这和当时清政府的官僚风气是分不开的。这些留洋的学生，都是学军事的，在国外也很规矩，很军事化，训练也都是军队管理模式，这些人回到中国，理应有着军人的范儿。

但是当时中国人有个毛病，重文轻武。文官、士大夫的地位很高。作为士大夫，那就得穿长衫、吟诗作赋，但是作为军人，那就得穿军装，得过刻板的生活，这是截然不同的两件事。他们回国后显然就受这个影响，马也不骑，而去坐轿子，然后就跟文人似的，喝酒吟诗。所以他们很不喜欢琅威理。

琅威理在舰队官兵中，灌输英国海军的条令，风纪严肃，对北洋海军的操练倾注了大量心血，表现出很强的职业操守和责任感。而丁汝昌本人也认为：“洋员之中在水师最得实益者，琅总查为第一”。1886 年 5 月，醇亲王巡阅北洋，授予琅威理二等第三宝星，并赏提督衔。李鸿章在电文里也经常用“提督衔琅威理”或“丁、良两提督”的称谓。在北洋海军的正式公文中，琅威理的头衔也全是“提督”。

他当时是提督衔了，提督在水师里面，就是海军少将。他自己认为自己是舰队副司令，后来英国也这么默认了。他下面的刘步蟾是总兵衔，我们知道提督是高于总兵的，是高一级的，所以当时军舰队就是他管，丁汝昌就是政委。

麻烦事就因为这个提督不提督的官衔展开了。

1890年春，北洋舰队巡航到香港，提督丁汝昌因事离船，“定远”舰管带、右翼总兵刘步蟾，按照海军规则降下提督旗，升起总兵旗，暗示舰队将由他指挥。琅威理见到了，很不高兴，他跑去责问刘步蟾：

“丁汝昌走了，我还在，我也是提督，提督旗怎么能降下来呢？”

刘步蟾毕业于英国海军名校，他平时便看不上这个洋提督，加上海军中人多为闽籍，琅威理曾上书李鸿章，提出“兵船管驾，不应专用闽人”，大家早就对他愤恨。于是，刘步蟾对琅威理的质问毫不理会。

李鸿章很快收到琅威理的电文，电文中他指责刘步蟾，不把他这个提督放在眼里。著名的“撤旗事件”就此爆发了。

李鸿章其实是护着中国人的，而且舰船上的不少将士，都是淮军中的著名将领，外国人告到他这里，他不自觉地袒护自己人。他发电文回复道：“北洋海军管制只有一个提督、两个总兵，提督去了，自然应该由总兵带船。”琅威理这才明白，他的提督只是一种名誉，并无实权。

这个时候，李鸿章犯了严重的错误。他明明承认了琅威理的提督头衔，但是又借“升旗事件”打压他提督的权力。这明显是袒护自己人，不给琅威理台阶下。另外还有一个很重要的原因，就是阿思本事件。当初阿思本和李泰国为中国买军舰的时候，他们签订了一个契约，说舰队归阿思本指挥。那时候中国人就觉得这不是出钱帮英国办军队吗？这个阴影一直在李鸿章的脑中盘旋，挥之不去。他总是担心琅威理成了第二个阿思本。李鸿章办的北洋水师，最担心的问题，就是权力问题。这个水师，不得不找外国人来帮办，这些外国人在中国舰船上弄来弄去，最后洋人当家了该怎么办？这不白忙活了吗？

琅威理跑到天津，找到李鸿章，开口便道："李中堂，你们这样做，太不给我面子了。"

"我准许升总兵旗，当然有我的道理。"李鸿章并不慌张。

"如果，我没有提督的实权，只是挂个虚名，我日后的工作将无法继续下去。"琅威理说。

"中国海军称琅威理先生为提督，那不过是客套话，你也懂中国那一套的。"李鸿章漫不经心地说。

"客套话？那样的话，我只能请辞了。"琅威理站起身来说。

"要是琅威理先生，执意要走，那李某人就不挽留了。"李鸿章说。两人不欢而散。

琅威理被迫辞职，让英国政府很丢面子，当李鸿章发出想另聘英国人的电文时，英国断然拒绝了李鸿章的请求，他们撤回了中国的所有英国军官，宣布不再接纳中国海军留学生。想不到，这一次升旗事件，竟然引发了一连串危机。而这些危机背后，都是李鸿章一手促成的。

再看看，这个时候的日本。日本也在用英国人训练自己的海军。日本在海军建设中给了英国英格斯上校足够的权力和地位。日本海军就是在英国人的教育下，逐渐走向独立的。英国人体面地告退日本后，日本人更加坚持走英国人铺设的路子，不仅保持了英格斯离开时的军容军貌，而且更趋于完善。

中国、日本产生如此大的差距，与学习西方的态度是分不开的。中国人自古以来都是昂着头看西方诸国。在学习西方的时候，这种“死不低头”的态度也融了进去。也就是说学习不诚恳，不是诚心实意地去学，而是拿他国的新涂料，装饰自己的旧房子。日本一直到跟中国开战，英国这些教练也没走。所以他们学得比我们要认真得多，我们是盲目的大国心态，觉得学得差不多了，就要当家做主，时机不成熟，就把洋人赶走了。

上海的英文报纸《北华捷报》发表了 3 篇社论，称：“外国军官除非不尽忠尽职，并愿同中国军官同流合污，否则就会受到妒忌、阴谋与排挤，现在琅威理已去，中国海军混乱的狂欢即将开始。”

琅威理走之后，中国人开始管理中国人。但北洋舰队，很多舰下面的军官、大副都是老乡、亲戚、朋友，这样一个人情化的社会是没法管理的。这种裙带关系就像一只蛀虫一样，不仅啃咬着北洋水师，而且不停繁衍生息，直到整个水师变成他们独有的巢穴。自此，北洋水师的操练日渐疏忽了，纪律也松散了。

举个最简单、最直观的例子。邓世昌是民族英雄，这是肯定的，国家给定下的，但是为什么他会把“太阳”狗带上军舰？宠物能带上军舰吗？按照海军条例，是不允许的。另外，“致远”舰按道理讲是沉不了的，因为战舰下面配有封闭舱，但是因为胶环完全老化，最后“致远”舰沉下去了，船上的几百号人统统战死。这两个方面，邓世昌是有责任的。可以看出，北洋水师日常的纪律是很差劲的。

4. 恫吓日本长崎

“恐怕中国今日离真正的改革还很远。这个硕大无鹏的巨人，有时忽然跳起来，呵欠伸腰，我们以为他醒了，准备看他做一番大事业。但是过了一阵，却看见他又坐了下来，喝一口茶，燃起烟袋，打个呵欠，又朦胧地睡着了。”

——英国人赫德。

李鸿章创建淮军时，就注重以粮饷驱使士兵，而不像老师曾国藩那样，倡导“忠义血性”的养成。这种管理思路最终决定了北洋水师不过是用西式装备包裹着的封建军队。著名翻译家严复声称：“中国再这样歌舞升平下去，不出二十年，就要像老牛一样，让外国人牵着鼻子走了。”李鸿章一度很想把严复收归门下，但严复婉转拒绝了。他对北洋海军内部任人唯亲、结党营私、贪污受贿盛行的种种弊端，看得十分透彻。他对李鸿章也从希望转向失望。早在英国时，严复就说，中国人有三大陋习，一是迷信，二是人情，三是趋炎附势。这些恶习，在北洋水师身上全都赤裸裸地体现出来了。

像严复那样的海归派，并不是我们想象中的那样骄傲自豪，他们其实也有痛苦，没有功名，就得不到社会承认。这种痛苦同时促使很多人走上了变革的道路，康有为、孙中山都是如此。传统文化的巨大影响，不是这些留学生们喝几天洋墨水、学几天洋军事就能根除的。而李鸿章呢？也是一样，在体制之中，寻求变革又谈何容易呢？

1886 年 7 月，北洋水师的“定远”、“镇远”等 4 舰，从朝鲜回国途中，驶往日本长崎港大修。长崎当地人对欧美的军舰，早已司空见惯，但来自中国的铁甲巨舰却是首次目睹。

码头上挤满了看热闹的人群。想不到中国也能有如此庞大、装备精良的铁甲舰。日本人非常害怕。日本舰队司令东乡平八郎，是从英国学海军回来的，和北洋多位将领都是同学，因此也登舰参观了。

参观之前，他是心生敬畏的，登上战舰后，他却看到意想不到的一幕：甲板上端放着关公的石像，周围供着乱七八糟的香火。船舷旁边四处散乱着吃剩的果壳、米饭和纸牌，还有破旧的衣裤床单。味道难闻至极。水兵说的话，带着各种方言。这样的军队怎么打仗？东乡平八郎心里燃起一丝得意的火焰，他深信，中国海军是不堪一击的，这些铁甲舰不过是空有其表。

8 月 13 日，中国水兵上岸休假，前往长崎一家妓馆寻欢作乐时，引起冲突。中国士兵刺伤一名日本警察；两天后，数百中国水兵上街观光，再次与日警发生冲突。日本民众围攻中国水兵，这次北洋的骄兵们吃了大亏，当场死掉 5 个人。回到船上后，他们将炮口对准了日本。

“镇远”、“定远”舰到长崎的时候，大清国的水兵和日本浪人打成一片。事情越闹越大，李鸿章从香港请来大律师伍廷芳。

伍廷芳的祖籍是广东新会，出生于新加坡，3岁随父回广州芳村定居，1874年自费留学英国，入伦敦学院攻读法学，获博士学位及大律师资格，成为中国近代第一个法学博士，后回香港任律师，成为香港立法局第一位华人议员。

伍廷芳作为李鸿章的法律顾问，与日本在国际法庭上打官司，最后打赢了。当时，日本因实力有限，只好赔偿道歉。

但从此以后，“一定要打胜定远”成为日本海军的流行语。这种仇恨不仅扎根于日本海军，也深深影响了日本儿童。小学童们在游戏中，把队伍分为两组，一组扮演中国舰队，另一组扮成日本舰队，进行战斗，战斗的目的就是要搜捕、消灭“镇远”、“定远”舰船。

长崎事件反映了日本民间的情绪，也反射出了北洋水师军纪的松散、士兵的骄横。对这一切，李鸿章是心知肚明的，但是他并没有给予足够的重视。出现这样的情况，难道不会影响作战吗？李鸿章却不这么觉得，在他看来，这些水兵都是野蛮人，那些问题不过是在小节上出了差错，只要能打仗就没有问题。

李鸿章的这种态度，不仅暴露了自己的不足，而且也让北洋水师更加放任自流下去。北洋水师，是李鸿章花了大把时间和精力，亲手建立起来的。他千辛万苦、费心劳神地创建了北洋水师，却不懂得去严格管理。

李鸿章自称自己不过是个裱糊匠，他是被朝廷逼的。他本来不想做裱糊匠，他要做改革者，但结果怎么样呢?

朝廷不这样想，朝廷的政策就是，房顶漏雨了，你李鸿章去给添块砖；土墙根裂口了，你李鸿章去撮把稀泥，把裂缝堵起来。但是这座土房子的根基是不容撼动的，你李鸿章有再大的本事，添完砖、堵完缝，就没你什么事了，你当你的官去，给你俸禄、给你功名，但你不要乱折腾。朝廷哪里漏了，你就去补一块，旧的就是旧的，你不要管他，你只管把新的贴上去。等时间长了，新的也就跟着腐朽了。

北洋水师也就如同添上去的新补丁，这块补丁在庞大的官僚体系之下沿袭了过去中国军队的恶习，裙带关系、玩忽职守比比皆是，就连演习也都成了做戏。这支新队伍在旧制度面前也跟着腐朽、沦落了。

伍 破灭的海上帝国梦

1. 日本进犯朝鲜

1894年，也就是大清国农历甲午年，朝鲜爆发了东学党起义。朝鲜派使臣来到中国，借兵剿匪。李鸿章接待了使臣们，沉吟再三，向皇上奏请派出2 000多人赶去朝鲜。

这个时候在李鸿章的外交史上，出现了一个天大的纰漏。早在1885年春天，中日两国在天津签订了《天津条约》日本人伊藤博文利用李鸿章的失言，为日本争取到了“朝鲜有事即可出兵”的权利。中日签下的《天津条约》内容包括：议定两国撤兵日期；中、日均勿派员在朝教练；朝鲜若有变乱、重大事件，两国或一国要派兵，应先互行义知照。

其中第三点，给甲午战争的爆发埋下了定时炸弹。根据条约，如果中国出兵朝鲜，那么日本也可以出兵。日本首先派出800名日军开进朝鲜，随后大批人马一拨一拨跟进，兵力从800一下子提升到了8 000多人，远远超过了在朝鲜的清军数量。眼看着，中日两军的战争马上就要打响了。

其实日本借口出兵朝鲜，并不是遵循条约上的规定，而是早有预谋。清政府在19世纪70年代与国外发生诸多纠纷，而日本的实力却趁机日益增强，他们想借此机会挑战这个东方大国。

日本人没有直接进攻中国，而是寻找到一个跳板，这个跳板就是朝鲜。朝鲜当时是中国的藩属国，长期与外隔绝，被欧洲称为“隐士之国”，攻陷朝鲜，要相对容易一些。日本先拿朝鲜开刀，希望将其从清廷的附属地位中“独立”出来，进而全面控制朝鲜。

1875年秋天，日本的舰船擅自闯入朝鲜江华岛，逼迫朝鲜签下不平等条约，还派人到总理衙门，质问朝鲜与大清国的藩属关系。

“朝鲜是不是中国的属国？”使臣问道。总理衙门的大臣们，不明白日本人口气为什么如此强硬，相互对视，并不说话。

“若为属国，朝鲜通商的事情，是不是应该由中国来主持？”

使臣接着问。

当时，大臣们没有听出日本说话的真正含义，而且他们不懂国际关系，也不懂国际法，居然回答说："朝鲜虽然是我国的藩属，但是内政外交，都由国内自主办理，我大清国从不过问。"这一句回答，直接划清了大清国与朝鲜的界限。日本使臣听后，冷笑离去了。

过了没多久，日本和朝鲜签订条约，大胆认定朝鲜为独立自主的国家，并在仁川、元山两地开埠通商。对此，清政府视之漠然。

但是朝鲜那边，并没有就此消停下来，7 年之后，也就是 1882 年，朝鲜又出事了。

朝鲜发生兵变，乱兵冲入王宫，杀死了在朝大臣，并且袭击了日本公使馆，杀死 8 名日本人。发生兵变后，日本出兵朝鲜，借平乱之由，占领了朝鲜王宫。此时，大清国又遇到了与"越南有事"同样的问题，出兵还是不出兵？

不巧的是，李鸿章的母亲去世了，他正在安徽奔丧。接到朝鲜兵变消息，李鸿章慌忙给代理直隶总督、北洋大臣张树声写信。张树声是淮军的老部下，李鸿章说起话来，也毫不客气、不讲究什么。信中说："你赶紧给朝廷上奏，让我回去，我回去了，你可以去南方当两广总督，如果你不愿意去南方，那咱俩合作，我当北洋大臣，你当直隶总督。怎么样？”张树声得到消息，马上上奏朝廷，建议调李鸿章回天津。

李鸿章回到天津后，事情恰好有了转机：朝鲜兵变的幕后指使者，原来是朝鲜国王的父亲大院君，已经被淮军首领吴长庆捉拿，过不了几天，就将押解回国。

朝鲜还是没有消停，在背后捣乱的还是日本。真是没完没了了。日本趁中法战争之际，又策动朝鲜亲日党派，发动“甲申政变”。亲日党派的成员们，采取亲日态度，主张终结与清朝的宗藩关系，借助日本军力，实现朝鲜的开化改革。他们接受日本的资助，提出了“打倒清国”的口号，企图借助日军兵力发动政变，实施夺权目标。

当时，驻兵朝鲜的袁世凯率领两千士兵，攻入王宫，解救了朝鲜国王。政变不到短短的一周，便宣告失败了。李鸿章这个时候，再次迎来了一生当中的劲敌——日本特命全权大使伊藤博文。

伊藤博文早年留学英国，学习海军。回国后，积极投身倒幕运动，主张“开国进取”。明治政府成立后，任外国事务局判事，以后历任大藏少辅、民政部少辅、工部大辅、工部卿、内务卿等职。1882 年他不远万里跑到普鲁士，研究宪法。归国后致力于订定日本宪法，并订定华族制度、内阁制度、皇室典范，设立枢密院等。同年 7 月，根据“华族令”，伊藤博文被授予伯爵爵位。

这次伊藤博文来中国，是来交涉朝鲜问题的。第一次火花马上就要擦亮了。

这一年，李鸿章已经 63 岁了。他见到 45 岁的伊藤博文，颇有点倚老卖老的感觉。李鸿章并不把日本的使臣放在眼里。双方三次会谈，李鸿章语言生硬，多轻蔑、命令的口气。双方各执己见。

“中堂大人，再这么争执下去，是不会有什么结果的，不如尽早结束这次会谈。”伊藤博文说。

“朝鲜的事，中国并没有办错，要是说有错，那也都是你们的错。”

“看来，中堂大人的意思，是说贵国要与本国决裂了？”伊藤博文试探李鸿章道。

“如果真因为此事决裂，那我只有准备打仗了。我们在战场上较量吧。”李鸿章说。此时，中法之战已经和谈，要是真和日本打起来，李鸿章是有后顾之忧的。当时中国的实力还是比较强盛的，日本要是跟大清国打上一仗，很可能会战败。要是真的开战了，对中国来说，是有好处的。但是日本人的视野还是开阔的，并且能审时度势，打不过的时候，坚决不打，等实力上来了，再一次把对方打得稀巴烂。

日本没有实力在短时间内扭转朝鲜局面，伊藤博文本想中断谈判，但是发现如果不谈判，出兵打仗是不现实的，只好乖乖地回到谈判桌上。

“贵国是泱泱大国，我们很是敬慕，但是我们也看到你们积习很深，我还是希望贵国朝廷能上下一心，励精图治。”

“如果你不是大清国最可怕的对手，就应该成为朋友。我们东方应该联手，对抗西方。”李鸿章说。

“大人说的是。”伊藤博文说。

“我们毕竟都是黄种人，两国应该联手。你们现在在明治天皇的领导下，大搞变革，我们也在干这个事情，”李鸿章喝下一口普洱茶，继续说，“西方人论势不论理，我希望我们能一起处理这样的局面。”

伊藤博文向身边的速记官使了一个眼神，速记官心领神会，一笔一笔记下李鸿章方才说的话。

“朝鲜的事情，将来我们应该共同约定一个更好的办法。”李鸿章说。速记官“唰唰”几笔，把李鸿章说的话写成：“将来共同处理朝鲜。”这纯粹是李鸿章的失言，是不明智的举措。这就为前文提到的《中日天津条约》留下了口舌。

李鸿章和伊藤博文有很多相似之处，但他们的识见和政治作为却有很多不同。李鸿章自幼受严格的儒学熏陶，又是沿着传统的科举道路进入政界，他的知识结构是中国传统文化中的所谓经、史、子、集。李鸿章虽然喜欢与外国人打交道，但作为大清国的重臣，他抽不出时间和精力到国外去亲眼看看。

从李鸿章留存的众多著述来看，他一生言事、论政，只限于中国历史、文化，对西学的了解，始终停留在浅薄的水平上。

而伊藤博文的知识结构和文化观念要比李鸿章开阔和新颖得多。他学过汉语，受过儒学影响；又会讲英语，不断从洋学中获得启益。1863 年至 1864 年间，他曾留学英国。伊藤博文亲眼看到英国的变革和现代，回国后，他决心要废除封建制度。与李鸿章的“盛年不学”不同，伊藤博文以“勤学家”和“读书癖”著称。他做了总理大臣后，依然驱车至丸善书店看书。为政很忙时，也手不释卷，对外国的新闻、杂志等，他都会关注。他爱看《拿破仑传》、《彼得大帝传》等外国历史传记的书籍。显然，按近代文化标准，伊藤博文接受的教育更加多元化、西化。

戊戌变法领袖梁启超，日后比较李鸿章和伊藤博文时认为：“伊藤博文曾游学欧洲，知道政治之本在于法制，所以他能够制定宪法为日本长治久安之计；而李鸿章则只是拆东补西，画虎效颦，而终无成就也。”他说：“日本之学如伊藤者，其同辈中不下数百，中国之才如鸿章者，其同辈中不得一人。”

2. 争抢“吉野”号

1887年，日本政府制定了所谓的“清国征讨策略”，逐渐演化为以侵略中国为中心的“大陆政策”：

第一步是攻占台湾；

第二步是吞并朝鲜；

第三步是进军满蒙；

第四步是灭亡中国；

第五步是征服亚洲，称霸世界。

这就是所谓的“八纮一宇”，也就是天下一家的意思。日本不过是弹丸之地，胃口却相当惊人。而甲午中日战争，就是日本实现前两个步骤的重要环节，由于其自身实力资源都不具备相应条件，所以实行以战养战的策略。

1888 年，日本提出第七次海军扩张案，并且迅速发展海军，要求以中国舰队和英国的远东海军为假想敌。

1890 年，日本海军第 8 次扩张，军舰总吨位达到近 6 万吨。日舰舰龄普遍较短，在设计时，吸收了世界最新科技，因此在性能上远远超过中国军舰，日本海军的整体实力，迅速赶上了大清国。

在 1888 年到 1889 年这个时期，北洋舰队排名是世界第 8，领先于日本舰队。北洋水师成军之时，拥有 25 艘军舰，包括从国外订购的 14 艘最先进的舰艇，让所有海上强国都不可小视。日本人尤其觉得可怕。这时，日本的著名政治家副岛种臣直立起驼背，陈词道：

“都说中国海军特别可怕，我看不然。中国往往有可行之法，而绝无行法之人；有绝妙之言，而绝无践言之事。中法海战一败涂地，他们就感觉很没面子，又设海军衙门，又学西方办法。等有了点样子，他们就会觉得大功告成，不再努力了。中国人贪慕虚名，何曾注重过实效？”

遗憾的是，这一切都让这位老先生说中了。海军衙门正式建立后，北洋海军只在 1890 年装备了一艘国产巡洋舰“平远”号，此后便停滞不前。同年 6 月，李鸿章接到朝廷的官方文件，文件精神包括，南、北洋暂停购买外洋、枪炮、船只、机器两年，省下的钱供政府其他财政支出。

“军国大事，岂能如此各行其是而不相谋。”李鸿章抱怨道。李鸿章知道，这些省下的钱，都让慈禧太后借去重修颐和园了。虽然这笔钱慈禧后来归还了，但是大把的时间白白延误了。

这个时候，李鸿章看上一款战舰，这艘战舰是英国制造的巡洋舰，1892 年 2 月开工建造，1892 年 12 月 20 日下水，1893 年 9 月 30 日建成。这就是在甲午战争中参加了丰岛海战、黄海海战和威海卫之战，打败中国海军的“吉野”号。日本看上这艘战舰时，资金不够，比大清国还穷，但是天皇捐钱、皇后捐掉首饰，整个国家都捐钱，最终把“吉野”舰买了下来。

得知日本买下了“吉野”号，李鸿章一阵复杂的心情涌上心头，他感到后悔，也感到遗憾，同时心中升起冰冷的寒意。

“朝廷里的官儿，都是书生出身，少见多怪。我们要扩充海军，他们一定会说费钱没用，到了战败的时候，他们又必将脏水泼回来，让我们有口难辩。所以我们现在就向户部要钱，并且要他们澄清责任，今天你不给钱，以后你要承担责任。”李鸿章帐下幕僚周馥曾劝他。

“这是大政，需要朝廷来决策，我能做什么？今天要钱的折子奏上去了，朝廷还是交给户部处理。户部不批，我们能有什么办法？”李鸿章拍着大腿说。

说完，两人纷纷叹起气来，默默地喝着茶水。

慈禧太后六十大寿，京城里，从紫禁城、西苑三海到颐和园均已修缮一新。从颐和园宫门到紫禁城西华门，所经道路两旁，分六十段景点，分别搭建龙棚、龙楼、经棚、戏台、牌楼、亭座等，共耗银 240 万两。在歌舞升平、纸醉金迷的狂欢中，朝廷对于中日大战毫无思想准备。

3. 北洋水师惨败

慈禧过大寿的这一年是 1894 年，朝鲜爆发了东学党起义，日本借口《天津条约》出兵朝鲜，中国派出 2 000 人赶赴朝鲜。

“主战”、“主和”再一次在朝廷中议论开。以清流为主导的主战派，据理力争，一致认为主战就是爱国、主和就是卖国。而李鸿章认为，凭借北洋水师一支军队，不能抵抗日本的侵略，还是避开战争为好。他深知北洋海军的实力，要是真的打起来，李鸿章没有必胜的信心。

在外国人眼中，大清国有两个外交部：一个是北京的总理衙门、一个是天津的北洋大臣衙门。

外交使节来到总理衙门，所有大臣都出来接见。这是多对一的模式，坐了半天，大眼瞪小眼的，也谈不出什么实质的东西；而北洋大臣衙门，是李鸿章一个人，这是一对一的模式。李鸿章坐镇天津，对北京的外交方针一直产生直接的影响。

不仅李鸿章感到北洋水师胜算不大，就连北洋水师的将士们也完全没有把握。琅威理被赶走后，他们就没怎么训练过，真打起来，胜算能有几成呢？

1894 年 7 月 25 日，日本联合舰队在朝鲜的丰岛海域，突然击沉大清国的运兵船“高升”号，甲午战争全面爆发了。

战争打响以前，中日两国的“硬件”考量，是存在一定差距的。根据英国海军年鉴统计，当时速射炮的发射速度是原后装炮的六倍，由此可得，日本舰队的火力相当于北洋水师的三倍。值得一提的是，“松岛”号、“严岛”号、“桥立”号，是为了对付北洋水师的定远、镇远两艘战舰，专门由法国设计师白劳易设计的，统称为三景舰。看来，日本在购船之初，就把矛头狠狠对准了大清国。

一声炮响，战争开始了。战斗进行了三个阶段。

第一阶段，从 7 月 25 日到 9 月 17 日。大清国陆军在牙山之战、平壤之战一败涂地之后，日本完全掌控了朝鲜地区。平壤之战发生于 9 月 15 日，是双方陆军首次大规模作战。当时驻守平壤的清军一共 17 000 人，日军也有 16 000 多人，双方战力相当。平壤之战分三个战场同时展开：大同江南岸战场、玄武门外战场、城西南战场。

在大同江南岸战场上，清军奋勇抗击，日军死伤惨重，无力再战，只好退回防线，午后二时，军队全部撤离战场。玄武门外战场上，日军集中优势兵力，主攻玄武门，镇守玄武门的总兵战死。日军攻陷进来，继续向城内推进，但是遭到清军猛烈的阻击，日军只好退守玄武门。城西战场上，两军打了平手，日军见战争难以得手，只好下令暂停攻击，退回驻地。清军总指挥叶志超也下令全军撤退，于 21 日渡过鸭绿江回国。此时，日本的军队占领了朝鲜全境。

同时，日本海军联合舰队驶入黄海鸭绿江出海口，与北洋水师舰队撞个正着儿，黄海战役爆发了。这是人类历史上第一次的大规模现代军舰大海战，至今仍是中国历史上唯一的一次。

北洋舰队参加战斗的军舰为 10 艘，日本海军投入战斗的军舰则有 12 艘。天气晴朗，海风拂面，浪涛上闪着片片粼光，幽深的海面底下，密集的鱼群在忙于逃命，海面上还能见到五六只海鸥在飞翔。将近中午，“定远”舰驻泊在大东沟外，楼上的水兵高叫起来：“有敌舰。”

随着这声呼喊，所有船员都停了手中的活。水师提督丁汝昌飞奔进指挥室，管带刘步蟾把望远镜塞到他手里，指向远处海面，丁汝昌举起望远镜，果然，远远的海上隐约升起几柱烟气。

“挂号旗，布‘梯阵’，准备迎敌。”丁汝昌喊道。

顿时，战斗警报响彻云霄，“定远”舰顶升起“遇敌”的号旗。看到信号，各舰同时起锚，轮机兵隔绝机室，强压通风，升火准备战斗。舷窗与防水门一齐锁紧，灭火机和水龙带即刻安排妥当，防滑细沙也撒在了甲板上。只片刻工夫所有人员各就各位，十艘战舰两两一列，以“定远”、“镇远”打头，继而是“致远”、“靖远”，“来远”、“经远”，“济远”、“广甲”，“超勇”、“扬威”，各舰拉开距离梯次排列，展成一个“八”字形逼近日本舰队。

海天之际，日本舰队也正向这边疾驶而来，这时双方已拉近距离。丁汝昌一一细数敌舰锅炉排出的烟气，倭舰共有十二艘之多，布成“一”字纵排的阵势。

战火已经烧到眼前，这些彪悍的战士们早已无所顾忌了。

刘步蟾凭着多年海上生涯的丰富经验，靠目测计算双方距离，感觉日舰已进入“定远”舰上重炮的射程之内，立刻下令前主炮射击。

顿时，“定远”的前主炮轰然打响，两枚炮弹带着尖利的呼啸掠过海面，从日本舰队排头的舰首掠过，激起两道冲天巨浪。看到旗舰开火，“镇远”和其他各舰也依次展开炮击。

丁汝昌走出指挥室登上舰桥观察，当先的敌舰已被命中一炮，紧接着，排第二位的日本舰船又被击中，火光一闪，冒起了滚滚黑烟。

在东方的海面上，一场规模空前的海上决战，就这样由北洋水师打响了第一炮。面对清军铁甲舰的攻势，日舰被迫后退。

日军舰船改变策略，包抄清军右侧。由于日舰较快，加上中方指挥不当，清军右侧舰队被歼灭。丁汝昌之座舰也被炮击，丁汝昌从二楼炸飞摔落甲板，左手臂骨摔断致重伤。“致远”号舰长邓世昌接手指挥，“吉野”号中弹，但因为清军炮弹火药不足，没有引发爆炸。

邓世昌指挥“致远”号奋勇作战，为保护旗舰，“致远”多处受伤，全舰燃起大火，邓世昌下令，向日本吉野号冲撞过去，想和日舰同归于尽。日本舰船上官兵见状大惊失色，集中炮火向

"致远"射击，不幸一发炮弹击中"致远"舰的鱼雷发射管，管内鱼雷发生爆炸，"致远"舰随即沉没。

邓世昌坠落海中后，随从往海里扔救生圈。他推开救生圈拒绝了，并说："我立志杀敌报国，今死于海，义也，何求生为。"他所养的爱犬"太阳"，也扑腾着游至他的旁边，咬住邓世昌的胳膊，要拉他上岸，邓世昌愤然把"太阳"狗摁进水里，自己也一同沉入大海。

激战5小时后，中国损失了4艘军舰、1 000余名官兵。日本失去了1艘军舰。

第二阶段，从9月17日到11月22日。此阶段中，有鸭绿江防之战和金旅之战。

鸭绿江防之战，是清军抗击日军的首次保卫战。当时，部署在鸭绿江北岸的清军共82个营，约28 000人。日军进攻的部队，一共3万人。双方兵力不相上下。当天上午，日军先于九连城上游成功渡江，当夜，又在虎山附近的鸭绿江中流架起浮桥。25日早上6点，日军越过浮桥，向虎山清军阵地发起进攻。清军伤亡重大，被迫撤出阵地。日军遂占领虎山。

其他清军各部闻虎山失陷，不战而逃。日军不费一枪一弹占领了九连城和安东县。在不到3天内，清朝重兵近3万驻守的鸭绿江防线全线崩溃。

金旅之战，日本第一军进攻鸭绿江清军防线，25 000 日军在日舰掩护下，在旅顺登陆。日军的登陆活动，历时 12 天，清军竟坐视不管。11 月 6 日，日军进占金州。7 日，日军分三路向大连湾进攻，发现清军早已溃散，不战而得大连湾。日军在大连湾休整十天后，开始向旅顺逼近。

当时旅顺屯兵 13 000 人，但是道员龚照玙临阵脱逃，军心大散。21 日，日军向旅顺口发起总攻，次日占领旅顺口并血洗全城。旅顺惨案就此发生，受害者的尸体运了一个月才抬完，花沟张家窑堆积两万多具尸体，形成一座尸山。日军下令浇油点火，烧了十几天才烧完。烧成骨灰后，草草装了四口大棺材，埋在白玉山东麓的安葬岗。

旅顺口失陷后，日本海军在渤海湾获得重要的根据地，从此北洋门户洞开。北洋舰队深藏威海卫港内，战局更加急转直下。战势进入最后的关卡，李鸿章耗费几百万两白银苦心经营的海军基地，转眼成了瓮中之鳖。

在清廷内部，随着清军节节败退，主和派已占上风，大肆进行投降活动。

第三阶段从 11 月 22 日到次年 4 月 17 日，持续了整整五个月。在此阶段，战争在山东半岛和辽东两个战场上进行，有威海卫之战和辽东之战。

威海卫之战是保卫北洋海军根据地的防御战，也是北洋舰队对日的最后一战。此时，威海卫港内尚有北洋海军各种舰艇二十六艘。1895 年 1 月 20 日，日军 25 000 人在日舰掩护下，开始在荣成龙须岛登陆，30 日，集中兵力进攻威海卫南帮炮台。驻守南帮炮台的清军仅 6 个营 3 000 人。由于双方兵力悬殊，南帮炮台终被日军攻占。

丁汝昌坐镇指挥的刘公岛成为孤岛。连日来，日军水陆两路配合，先后向刘公岛和威海港内北洋舰队发动 8 次进攻，均被击退。在此期间，日本联合舰队司令伊东佑亨曾致书丁汝昌劝降，遭丁汝昌拒绝。5 日凌晨，旗舰“定远”舰中雷搁浅，仍作为“水炮台”使用，继续搏战。10 日，“定远”弹药用尽，刘步蟾下令将舰炸沉，以免被敌掠去，并毅然自杀与舰共亡。11 日，丁汝昌拒降自杀。17 日，日军在刘公岛登陆，威海卫海军基地陷落，北洋水师全军覆没。“镇远”舰上的大铁锚，后来被日本人作为战利品，炫耀于东京上野公园，直到抗战胜利才被撤下。

辽东之战历时 4 个多月，最后日军发起总攻，不过 10 天时间，大清朝六万多大军便从辽河东岸全线溃退。

甲午一战，影响了中国百年。这是中国在向近代化转型过程中遭遇的重大挫折，中国从一个二流国家沦落为当时的三流国家。专制国家对内镇压手无寸铁的民众时总显得得心应手，但一旦对外，便显出地方保护主义、派系之争等各种官场陋习。各官僚集团之间、朝廷与地方之间组织涣散、互相推诿。作为洋务派的领袖、战争的最高指挥，李鸿章的个人命运也随之发生了重大转折。

李鸿章得到北洋水师覆灭的消息后，跌坐在藤椅上，胸口一阵剧疼，他忙命仆人取来痰盂，抱着痰盂呕吐出一摊血，仆人大惊，跑到书房外叫人去请郎中，等他回屋时，李鸿章跌倒在地，怀里的痰盂也滚出三米远，他的嘴角还淌着鲜血。仆人赶忙扶起李鸿章，他没命地咳嗽，仿佛整个肺叶都要吐出来。李鸿章坐在床边，嘴唇哆嗦着说了一串话，仆人并没听懂，李鸿章躺下后拽住仆人不放，眼角生出老泪来。他多年的心血就这样在大海上幻灭了。他的船舰、他的将士、他的火炮全部灰飞烟灭，沉入海底了。李鸿章一病不起，这场病几乎夺走了他的性命。他在床上躺了四十多天，才能勉强下床。

多年后，李鸿章回忆起苦苦经营的北洋舰队全军覆没时，更多的是无法言说的哀伤吧。

4. 善后专家

甲午战败，李鸿章首当其冲，他被剥去黄马褂，并遭到降职减薪的处分。但是另一件沉甸甸的国家大事，也压在了他羸弱的双肩上。那就是去日本马关议和。一方面，朝中大臣都觉得李鸿章是最佳人选，另一方面，日本人也指名道姓要他去。日本人认为，在中国，李鸿章是最明白的人，跟其他人谈不清楚。日本人还想羞辱他，你李鸿章不是个人物吗？仗是你跟日本打的，我当然要跟你议了。李鸿章知道日本人的心思，他也知道，只要签了这个合约，自己就是大汉奸，千古骂名啊，谁都不会愿意去的，但是圣旨难违。

李鸿章大病初愈，仆人送来一封家信，是李鸿章的大哥李翰章写来的。李翰章当时是两广总督，也遭人弹劾，正准备回家。真是名副其实的难兄难弟啊。

信中说："兄弟，我们不干了，太苦、太累了。操劳了大半辈子，落得现在的结局，不如卸甲归田，我们兄弟俩一块儿回家得了。"

李鸿章鼻尖一阵酸苦，但是内心却镇定下来，他提笔回信道："现在回家，还不是时候，我们要是不干了，朝廷就更没有人干了，到这个时候，越是没人干，我们越是应该顶上去。"李鸿章的回信，简洁明了，同时也体现出他的责任心，这是一种敢于担当的精神。说他讲义气也好、对清政府愚忠也好，这个时候，他是当真没有考虑个人得失。遗臭万年就遗臭万年吧，他已经做好了遗臭万年的准备。只要是觉得是自己该做的，那就得自己做完。

皇帝赏还了李鸿章黄马褂，撤销处分，委任他为赴日议和大臣。光绪在乾清宫召见了李鸿章，商定了大清国割地、赔款的最后底线。14 天后，李鸿章离开北京，带着儿子李经方，以及随员 32 名官员、92 名仆人，从天津出发，前往日本马关。

谈判的地方，在春帆馆。春帆馆里修葺一新，地上铺着一层华丽的地毯，日方还为 73 岁高龄的李鸿章准备了痰盂。李鸿章又见到了老对手伊藤博文。伊藤博文对 10 年前在天津被李鸿章羞辱的经历，还记忆犹新。这场谈判，李鸿章只得低声下气，他强硬不起来了。

"你我东亚两国，是邻居，同文同种，现在的战争只是暂时的，总以永好为是。如果总是仇恨彼此，这样对大家都不利。试想，欧洲各国，军事虽然强大，但是却不轻易挑衅人家，我们也应当效仿欧洲。如果两国使臣都明白这个道理，我们就应该考虑亚洲大局，永结和好，团结起来，不被欧洲白种人所侵蚀。”李鸿章说。

“十几年前，我就跟你说，中国要变，要向西方学习，但是你不听。”伊藤博文继续说，“十年前在天津时，中堂大人是年富力强，我们都是后生晚辈，你说要我们国家励精图治，我们就改革了。我也奉劝贵国进行改革，但是你们做了什么呢？现在的结局是你们咎由自取。”

“你不知道啊，我们的国家大、人口多，人多嘴杂，事情不好办，很多事情，我一个人不能做主，不像你们国家，君臣一条心，天皇怎么说，大臣们就跟着怎么做。你要是替我想想，你又能怎么做呢？我也是力不从心啊。”李鸿章说。

第一次谈判中，李鸿章尽力表现出恢宏的气度，但作为战败者，仍难以掩盖尴尬艰难的处境。此时，人为刀俎，我为鱼肉，再怎么营造气场，也得任人宰割了。

春帆馆里共进行了七次谈判。谈判中，伊藤博文提出的停战条件是：割让台湾、辽东，并且狮子大开口，一口气索要3亿两白银。

李鸿章听后大惊，连呼：“过苛，过苛！”这个要价大大超出了李鸿章的预料，他怎么也没有想到，日本人的野心竟然这么大，是英法两国的十倍。

“你们这样做，实在太过分了，给大清国留一点面子。否则，全国上下都难过，国家难堪，我李鸿章也难为情。”李鸿章说着，连连咳嗽，往痰盂里吐出两口血痰。

李鸿章想用中国的规矩，讲情面，给面子，怎奈何伊藤博文一点面子不给，并限定于三天内做出答复。

就在这个时候，一场突发事件，让李鸿章获得了“不幸中的万幸”，而这种万幸，光凭外交努力是无法获取的。

第三次会谈结束后，下午 4 时 15 分，李鸿章从春帆楼大门外出来，4 时 30 分经过外滨町邮便电信局前，向江村杂货店走去。过江村杂货店再向北拐，前行约 50 公尺，就是引接寺的门口了。街道拐角处原本狭窄，加上人群攒集，争看大名鼎鼎的中国全权大臣李鸿章，秩序非常混乱，轿夫只能慢慢行走。

忽然，有一暴徒蹿到轿前，用左手按住轿夫的肩，趁轿夫惊讶停步之际，举枪射击李鸿章。枪弹击中李鸿章左眼下，嵌入颊骨，血流不止，顿时满脸是血。李鸿章手掩创口，跑到引接寺门前，昏厥倒地，久久不省人事。

凶手被捕后，经日本山口县地方法院审明：此人名小山丰太郎，郡马县大北岛人，26岁，是个无业青年。他一直认为李鸿章是日本侵华的主要障碍，他曾计划去天津行刺，但是因为买不起船票而放弃了，这次李鸿章送上门来，他当然要把握住这次机会。

李鸿章遇刺的事件，让日本政府陷入完全被动的局面，欧美各国纷纷谴责日本，同情中国：中国被你打得遍体鳞伤，派来的大使还受到这样的待遇。伊藤博文得到李鸿章遇刺的消息，暴跳如雷，他怒吼着说："宁可自己挨上一枪，也不能害了中国使臣。"日本决定，实行无条件停战，并将谈判桌上的要价从3亿两白银降到2亿两。李鸿章脸上的那颗子弹，竟然为大清国要回了1亿两银子。

李鸿章向朝廷发去电文，认为这是中断和谈的好机会，自己回国后，可以利用欧美各国牵制日本的军事行动。但是朝廷回电说，此时，日本理亏，命令李鸿章就地杀价，不准中断谈判。于是，李鸿章向日方传达了中方的条件：只同意让出朝鲜，割地赔款都不接受。伊藤博文这次气得更厉害，他立刻恫吓清方谈判代表团：中国现在是战败国、日本是战胜国，如果这次会谈破裂，那么，我一声令下，将派出六七十艘运输船、装载着日本大军，陆续开往中国。日本人的态度一强硬起来，中国就只好低下头。清方提出修正案，同意割让辽东四地以及澎湖列岛，赔款要求降到1亿两。

为了这份修正案，中日两国谈判代表举行了第四次谈判。李鸿章伤势未愈，但是考虑到势态的严重，也硬撑着参与了会谈。会场上，李鸿章与伊藤博文唇枪舌剑，讨论国家大事，就像街头摊贩讨价还价。

“中堂大人，我们这次见面，我就想听一个答案，对我们的要求，你同意还是不同意？”伊藤博文开口便问。

“难道就不能再讨论讨论吗？”李鸿章问。

“讨论，当然可以讨论，但是我方的要求不能降低。”伊藤博文说。

“赔款二万万两银子，数目太大了，大清国支付不起啊。”李鸿章说。

“减少到现在的数目了，不能再减，再战你们赔款更多。”伊藤博文说。

“你们日本这次战争中的所有花销，根本没有二万万两。负担这样巨款，必定要向国外借钱。洋债的利息太高，中国实在偿还不起啊。”李鸿章无奈地说。

“中国这么大，人口这么多，财源甚广，国有急难，只要稍稍动员一下老百姓，钱肯定是能凑够的。”伊藤博文说。

“那你来中国当首相何如？”李鸿章说。

“当奏皇上，甚愿前往。”伊藤博文说。

“我们国家经过这次战争之后，一定会励精图治，我可以向我们的皇上、太后保举你到我大清国当首相。我年龄也大了，我可以推荐接班人。”李鸿章说。

“很快，我这一届时间也快到了，我来不来不是我说了算，还得由我们国家的天皇陛下说了算，如果你是我，你在日本应该比我做得好。如果我是你，我在中国可能远不如你。但是如果有机会，我还是愿意试一试。”

4天后，双方进行了最后一次谈判。李鸿章还是想把赔款压下来。李鸿章开场就说：“去岁满朝言路，屡次参我，说我与日本伊藤首相交好。今天和你立约，如此凶狠的条款，我回去肯定要挨骂的。”

“任他们胡说吧，如此重任，他们担当不起的，中国唯有李中堂一人，能担此重任。”

“你替我想想，赔款、让地两件事，还请再做一点让步。”李鸿章说。

“开始就说明了，真让不了了，如果议和像大街上卖菜的一样，彼此争价，那也太不成体统了。”伊藤博文说。

“无论如何，赔款请再让数千万，不必如此口紧吧。”

“万万不能再让了。”伊藤博文挥挥手说。

“5 000万不能，让2 000万行不行？讲和就是要彼此相让，你办事太狠了。”李鸿章说。

“这和办事无关，战后谈判，不得不像这样，如果不是李中堂被刺，那1亿两银子，我们还不肯让呢。”伊藤博文说。

“如果是这样，那再给我一枪，再减5 000万两如何？”李鸿章说。此时，他头上正裹着纱布，眼睛一边全都裹上了，情状很是凄凉。

春帆楼外，天色阴沉，浓云周密，不过说两句话的功夫，冷雨倾泻而下。空气一时变得潮湿、阴冷，李鸿章连连咳嗽，却吐不出一口痰来。谈判长达5个小时，李鸿章口干舌燥，但是日方丝毫不肯让步。晚上七点半，谈判终于结束了。李鸿章走出春帆馆时，黑夜，已深远得触不及边境。潇潇冷雨，尚未完全散去。打在行人身上，留下一层薄薄的雾。李鸿章拉住伊藤博文冰冷的手说：

“你看，能不能再给我一点路费？减免5 000两。”

“国家利益，我绝对不让，我个人对你很同情，或许，我个人可以赞助你一点，毕竟，我们都是朋友嘛。”伊藤博文微笑着说。

1895年4月17日，李鸿章与日本代表签订了丧权辱国的《马关条约》。条约规定：

清政府承认朝鲜“独立”；割让辽东半岛、台湾、澎湖列岛以及附属岛屿给日本；赔偿日本军费2亿两白银；增开重庆、沙市、苏州、杭州作为通商口岸；开辟内河新航线；允许日本在中国通商口岸开设工厂，产品运销中国内地，免收内地税。

《马关条约》签订的消息传出后，大清国举国哗然。李鸿章回国后，立刻成为不明真相的群众的众矢之的。但是朝廷内，百官却集体上书，为李鸿章求情，认为责任不在他，而是国力不如别人。李鸿章落下了眼泪。大臣们劝下了光绪皇帝，慈禧太后也表明了态度，李鸿章获得两个月的假期。假期中，李鸿章走进北京的贤良寺闭门不出，面对空徒的四壁，默默地反思着自己的失败。

至此，李鸿章建设海军、建立海防的雄心从此沉寂了。他再也没有力气收拾残局、重振海军了。李鸿章是十足的悲剧人物，他帮朝廷打仗，结果成了刽子手；他办海军，结果舰队全军覆没；他办洋务，结果洋务失败了；他搞外交，结果都是赔款、割地的议和。

在那样的年代能看到海军、海防的重要性，已经超出同代人一大步，当他以地方大员的身份付诸实践时，他发现自己不是在替清廷操练海军，而是自己一个人在折腾。办好了，得不到奖励，办不好，身上就要被吐上无数唾沫星子。清廷真正的掌权者没有从骨子里意识到海军、海防的重要性，也没有痛下决心一定要建好海防。从朝廷内的争论、当权者的游移和猜忌便可以推断出来。当李鸿章提出办海军的意见时，当权者觉得你要办，那我就让你办，办好了，这是你臣子的本分，办不好，责任全部在你，因为是你吵吵嚷嚷地说要去办海军，我拨钱给你，你就有责任把事情办好。另一方面，李鸿章的同僚们也多有非议，不是在积极响应这件事，而是坐在一旁等着看笑话，你李鸿章办海军了，我们倒要看看你有多大能耐。

在李鸿章方面，他操办海军也不光光是为了国家建设、民族安全那么伟大，也是为了自己能在封建等级制度中得到晋升做出的努力。他寻求的变革是在体制内的变革，是保住自己官位、保住自己荣华富贵的变革，这种变革本身便包含了模糊性和不彻底性。当他承担办海军的重任后，购买国外的舰船、聘请西方的教官，但是他并没有确立西式的海军制度，而是沿用了清廷传统军队的制度，这就导致海军队伍纪律涣散、人浮于事，最终大大削弱了海上的战斗力。

李鸿章所做出的努力就好比让一朵蔷薇花盛开在两堵密不透风的墙壁间，而这朵蔷薇花又是栽种在花盆里的，它既得不到充足的营养，也无力突破两边的铜墙铁壁，等待它的只能是凋谢、枯死的命运。这样的努力让人惋惜，也叫人可怜。

李鸿章说："我办了一辈子的事，练兵也好、海军也罢，都是纸糊的老虎，哪里真正放手办理过？不过勉强涂饰，虚有其表，不揭破，还可以敷衍一段时间。这就好比一间漏雨的破屋子，由裱糊匠东贴西补，居然成一净室。虽然明明知道是糨糊糊上的纸，但是究竟不知道里面是何等材料。即有小小风雨，打成几个窟窿，随时补起来，也可以勉强对付。但要是一把撕开扯破，又没有准备修葺的材料，也不知道改造的方法，真相自然就要败露，不可收拾了。"

但是，我们不能光以成败论英雄，李鸿章大半辈子的心血都倾注在海防事业，他练海军、派留学生留学、购买战舰、聘请外国教员、经营北洋水师，他是大清国较早地意识到海防、海军重要性的官员。中国自古以来，就是一个陆地国家，保卫国土、镇守边疆，都是针对陆地面积而言的，而海洋，是中国历代容易忽略的领域。李鸿章却大胆地把眼光伸向了蔚蓝的大海，这是他深谋远虑、跨时代的举措。

主要参考文献：

1.《李鸿章传》，梁启超著，百花文艺出版社，2009 年 3 月
2.《李鸿章家族》，宋路霞著，重庆出版社，2005 年 5 月
3.《李鸿章与甲午战争》，刘功成著，大连出版社，1994 年 8 月
4.《李鸿章》，高阳著，海南出版社，1996 年 1 月
5.《淮军》，季宇、叶海鹰著，安徽人民出版社，2010 年 8 月
6.《李鸿章："裱糊匠"的慷慨与悲凉》，李金山著，中国发展出版社，2010 年 1 月
7.《李鸿章全传》，罗斌、王海山主编，内蒙文化出版社，2010 年 6 月

图书在版编目（CIP）数据

蓝色波涛里的帝国梦寻：李鸿章与北洋水师／徐畅编撰．—上海：文汇出版社，2015.2

（大国海图／桂国强主编．人物志）

ISBN 978－7－5496－1392－2

Ⅰ．①蓝…　Ⅱ．①徐…　Ⅲ．①李鸿章（1823～1901）—传记　Ⅳ．①K827=52

中国版本图书馆CIP数据核字（2015）第011753号

主　　编／桂国强
执行主编／张　衍
策　　划／任丽青

◎大国海图·人物志◎

蓝色波涛里的帝国梦寻

——李鸿章与北洋水师

编　　撰／徐　畅
责任编辑／张　衍
装帧设计／王　翔

出版发行／文汇出版社
上海市威海路755号
（邮政编码200041）
经　　销／全国新华书店
排　　版／南京展望文化发展有限公司
印刷装订／江苏省常熟大宏印刷有限公司
版　　次／2015年3月第1版
印　　次／2015年3月第1次印刷
开　　本／890×1240　1/32
字　　数／100千
印　　张／6.25

书　　号／ISBN 978－7－5496－1392－2
定　　价／17.00元